Access 2010 Práctico

Access 2010 Práctico

RAFAEL ROCA

Edición: Rafael Roca Arrufat

Diseño y realización de la cubierta: Rafael Roca Arrufat

Comunicaciones: rafaroca.net/contacto

ISBN 978-1718830929

Índice del contenido

Contenido online en: rafaroca.net/libros/access2010

- Archivos complementarios para la realización de las prácticas
- Soluciones a las prácticas

▶ Introducción

Con este libro aprenderá a trabajar eficazmente con el programa de bases de datos relacionales más completo y popular del mercado: *Microsoft Access 2010.*

Access 2010 Práctico no es un manual al uso, con explicaciones pormenorizadas de todas las opciones, sino un libro con un enfoque funcional, en consonancia con el conocido proverbio: *"Quien oye, olvida. Quien ve, recuerda. Quien hace, aprende".* En cada tema dispondrá de indicaciones y consejos para llevar a cabo las prácticas propuestas, a través de las cuales llegará a dominar la aplicación sin tener que leer largas exposiciones teóricas.

A la hora de decidir los temas a tratar y su orden se ha seguido un criterio pedagógico. Más que presentar farragosos bloques temáticos, la serie de temas sigue un nivel de dificultad ascendente y una secuencia lógica.

Por otra parte, aunque los temas iniciales tratan procedimientos básicos, los lectores con experiencia previa con *Access 2010* podrán acceder a aquellos que les interesen, prescindiendo de los que ya conocen.

¿Para quién es *Access 2010 Práctico*?

El libro está destinado a cualquier persona que quiera aprender las funcionalidades más importantes de *Microsoft Access 2010* para realizar cualquier tarea ofimática relacionada con las bases de datos.

También en el entorno docente será un instrumento de enseñanza idóneo al facilitar la labor del profesorado y proporcionar a los/as alumnos/as prácticas interesantes, a la vez que relevantes.

Requisitos

Deberá tener instalada la aplicación *Microsoft Access 2010,* en el ordenador donde vaya a realizar las prácticas. Si no ha instalado la aplicación y necesita ayuda sobre cómo hacerlo, visite la web de Microsoft, **support.office.com** y busque la información referente a la versión *Microsoft Office 2010.*

Dado que *Access* se ejecuta en el entorno del sistema operativo *Windows,* necesitará conocer este sistema operativo —preferentemente, *Windows 7* o posterior— en cuanto al manejo de la interfaz, ventanas, menús, cuadros de diálogo, carpetas y archivos. En el caso de tener poca experiencia con el sistema operativo, es recomendable realizar el curso online gratuito "Windows: Gestión de archivos" en la plataforma web **formacion.rafaroca.net**.

Por último, habrá de disponer de conexión a internet para descargar los archivos complementarios de la página web del libro: **rafaroca.net/libros/access2010**. En esta página web se encuentran los archivos en una carpeta comprimida para facilitar su descarga.

La ventana de *Access 2010*

Nuestra primera tarea consistirá en conocer las **partes de la ventana** del programa para familiarizarnos con sus nombres y sus funciones:

1) **Barra de inicio rápido**
Contiene botones de comando habituales, como Guardar, Deshacer y Rehacer. Es personalizable.

2) **Barra de título**
Muestra el nombre del archivo (base de datos) y de la aplicación.

3) **Botones de control de la ventana del programa**
Minimiza, maximiza o cierra la ventana de *Access*.

4) **Cinta de opciones**
Contiene todos los botones de comando del programa distribuidos en fichas.

5) **Panel de navegación**
Muestra los objetos de la base de datos (tablas, consultas, formulario, informes, etc.). Este panel permite organizarlos y gestionarlos (cambiar nombre, copiar, eliminar, ...).

6) **Área o zona de trabajo**
El área donde llevamos a cabo el trabajo en un determinado objeto. El aspecto cambiará según el objeto en el que estemos trabajando.

7) **Barra de registros**
Muestra el registro que estamos visualizando y el número total. Permite desplazarnos entre registros mediante las flechas, aplicar/cancelar el filtro si se ha definido y buscar en el registro activo.

8) **Barra de desplazamiento horizontal**
Para desplazarnos por el área de trabajo cuando es más ancha que la ventana. Cuando sea más larga que la ventana, aparecerá también una barra de desplazamiento vertical.

9) **Barra de estado**
Muestra información sobre el objeto activo y permite cambiar su vista (botones a la derecha).

En la **cinta de opciones** encontramos los siguientes elementos:

1) **Menú Archivo**
   Contiene las opciones habituales para trabajar con archivos (crear, guardar, abrir, cerrar, …) y las opciones de configuración del programa.

2) **Fichas de la cinta de opciones**
   Cada ficha contiene los comandos del tema que indica su pestaña. La ficha de **Inicio** contiene los comandos básicos.

3) **Botón de minimizar (ocultar) cinta de opciones**
   Oculta o muestra la cinta de opciones.

   Botón de ayuda (?)
   Muestra la ayuda de la aplicación.

4) **Botones de comando**
   Realizan acciones determinadas, las cuales nos las indicará el programa al colocar el puntero encima de cada botón.

5) **Menú del botón de comando**
   En forma de flecha, debajo o a la derecha del botón de comando, proporciona opciones adicionales.

6) **Grupos de opciones**
   Conjunto de botones de comando agrupados temáticamente en cada ficha de la cinta de opciones (Vistas, Portapapeles, Ordenar y filtrar, Registros, Buscar, Formato de texto, …).

7) **Menú del grupo de opciones**
   Este pequeño botón en la parte inferior derecha de un grupo de opciones abre el menú o cuadro de diálogo con opciones adicionales asociadas al grupo.

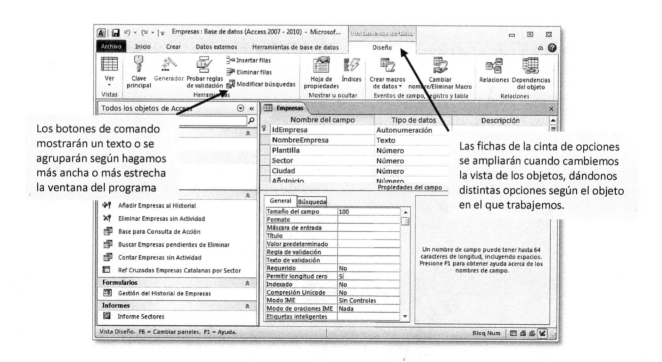

Los botones de comando mostrarán un texto o se agruparán según hagamos más ancha o más estrecha la ventana del programa

Las fichas de la cinta de opciones se ampliarán cuando cambiemos la vista de los objetos, dándonos distintas opciones según el objeto en el que trabajemos.

El menú contextual

Además de los comandos de la cinta de opciones, contamos con otro práctico elemento: el **menú contextual**.

Las acciones más habituales que llevamos a cabo en *Access* y las demás aplicaciones de *Office* las encontramos en este menú, que aparece cuando hacemos clic con el botón secundario del ratón, del touchpad u otro dispositivo en un sitio concreto: un objeto de la base de datos, un registro, un campo, etc.

Las indicaciones para realizar las prácticas

Para saber qué botón hay que clicar o qué opción hay que utilizar para realizar lo que se nos pide en cada práctica, en el libro se indicará, por ejemplo, de esta manera: **Inicio > Ordenar y filtrar > Filtro**.

En este caso hay que aplicar un filtro y la instrucción nos dice que hay que clicar en la **ficha Inicio** y, luego, en el **grupo Ordenar y filtrar** hay que clicar en el **botón Filtro**.

El color de la interfaz

Disponemos de tres gamas de color en los que mostrar la interfaz del programa: **azul**, **plateado** y **negro**. Para cambiar la combinación de colores iremos a **Archivo > Opciones > General** (este cambio afecta a todas las aplicaciones de *Office*).

Advertencia de seguridad

Las macros o macroinstrucciones son una especie de miniprogramas que podemos crear fácilmente y que realizan varias acciones en secuencia. Como estas acciones podrían ser perjudiciales si no sabemos quién ha grabado la macro, *Access* y los otros programas de *Office* pueden mostrar esta advertencia.

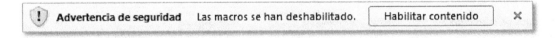

Ante tal advertencia de seguridad cabe cerrarla, habilitar el contenido si es nuestro o sabemos que es de confianza, o bien, clicar en **Las macros se han deshabilitado** y acceder a **Configuración del Centro de confianza > Configuración de macros** para establecer cómo han de comportarse los programas ante las macros.

Temas generales por módulo

Módulo 1

- Conceptos generales
- Objetos de la base de datos
- Base de datos:
  - Crear
  - Cerrar y abrir
  - Panel de navegación
- Tablas:
  - Crear
  - Cerrar y abrir
  - Vista Hoja de datos

- Vista Diseño
- Guardar diseño
- Agregar campos
- Modificar y eliminar campos
- Renombrar y ordenar campos
- Tipos de datos
- Propiedades de los campos
- Tamaño
- Máscara de entrada
- Clave principal

- Introducir datos
- Ordenar y filtrar datos
- Mover, ocultar e inmovilizar campos
- Formato de texto
- Imprimir
- Ayuda de Access
- Ayuda contextual
- Copiar, cortar y pegar

Módulo 2

- Formularios:
  - Crear
  - Modificar aspecto y diseño
  - Gestión de registros y datos
  - Ordenación y filtrado
- Consultas:
  - Crear consultas
  - Consultas de selección
  - Consultas de parámetros

- Consultas con totales
- Duplicar consulta
- Exportar como PDF
- Informes:
  - Crear
  - Modificar
  - Asistente para informes
  - Informe basado en consulta
  - Informe de etiquetas

- Exportar como PDF
- Partes de una función
- Revisión ortográfica
- Ocultar elementos de la ventana de Access
- Personalizar Barra de acceso rápido

Módulo 3

- Tablas:
  - Limitar datos con lista de valores interna y externa
  - Insertar imágenes
- Base de datos:
  - Relaciones entre tablas
  - Actualizar campos en cascada
  - Relaciones con clave externa

- Copiar tabla externa
- Formulario inicial
- Formularios:
  - Subformularios
  - Botones de comando
  - Propiedades
  - Eliminar
  - Asistente para formularios

- Insertar imágenes
- Agregar campos
- Formulario sobre consulta
- Consultas:
  - Campos nulos y calculados
  - Consulta con varias tablas
  - Formulario e informe sobre consulta

Módulo 4

- Base de datos:
  - *Compactar y reparar*
  - *Cifrar con contraseña*
  - *Revisión de relaciones*
- Propiedades de campo:
  - *Título de campo*
  - *Valor predeterminado*

- *Requerido*
- *Regla de validación*
- Formularios:
  - *Orden de tabulación*
  - *Hipervínculos*
- Informes:
  - *Diseño*

- *Secciones*
- *Propiedades*
- *Insertar imagen*
- *Cálculos y funciones*
- Exportar tablas y consultas como hojas de cálculo de Excel

Módulo 5

- Tablas:
  - *Importar datos desde Excel*
  - *Analizar tabla*
  - *Regla de validación en tabla*
- Consultas de acción:
  - *Crear tabla*
  - *Eliminar, anexar y actualizar registros*

- *Gestión de proceso con formulario y consulta de acción*
- Consultas de búsqueda:
  - *Duplicados y no coincidentes*
  - *Asistente para consultas*
- Consultas de referencias cruzadas

- Vista de tabla dinámica y gráfico dinámico
- Generador de expresiones
- Opciones de Access
- Limitaciones de las bases de datos de Access

▶ Módulo 1

Temas

1.1   Conceptos generales · Objetos de la base de datos

Con *Word, Excel* y *PowerPoint* podemos empezar a trabajar y crear archivos desde el momento que abrimos las aplicaciones, sin embargo, con *Access*, la cosa cambia.

La creación de una base de datos sólida y funcional requiere un **estudio previo a su diseño** que tenga en cuenta el tipo de información que se va a almacenar y el tratamiento que se le va a dar. Podríamos decir que hemos de empezar por el final, es decir, hemos de pensar qué resultados queremos obtener cuando los datos estén introducidos.

Esta investigación previa es necesaria porque, una vez creada la base de datos, es muy complicado hacer cambios en su estructura, al contrario que en un archivo de texto, cálculo o presentación.

Por otro lado, los **datos** que contiene y su **correcta gestión** son de **vital importancia**, pues suele tratarse de información sensible relativa a clientes, productos, empleados, servicios, etc. Por supuesto, cuanto más importante sea la información a gestionar, más cuidado hemos de poner en su diseño: no es lo mismo una base de datos personal de nuestros libros, discografía o contactos, que una base profesional implementada en un almacén, una clínica o un museo.

En general, deberemos plantearnos estas preguntas antes de comenzar el trabajo de diseño con el programa:

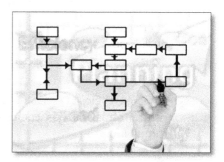

- ¿Qué datos necesito almacenar?

- ¿Qué información relevante quiero obtener de los datos?

- ¿Qué documentos necesito generar?

- ¿Qué uso le voy a dar: introduciré y modificaré datos con frecuencia o la usaré principalmente para consultarlos?

Cuando hayamos respondido a estas preguntas generales tendremos una idea más clara de nuestro proyecto y estaremos en condiciones que ponernos en marcha para crear los **objetos** de que consta la base de datos: **tablas**, **consultas**, **formularios** e **informes**, los cuales caracterizamos a continuación:

1   Tablas

- Son imprescindibles, pues almacenan todos los datos.

- Constan de filas (**registros**) y columnas (**campos**).

- Un registro contiene toda la información de un ítem (cliente, producto, obra, …).

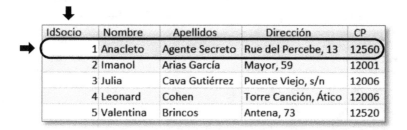

IdSocio	Nombre	Apellidos	Dirección	CP
1	Anacleto	Agente Secreto	Rue del Percebe, 13	12560
2	Imanol	Arias García	Mayor, 59	12001
3	Julia	Cava Gutiérrez	Puente Viejo, s/n	12006
4	Leonard	Cohen	Torre Canción, Ático	12006
5	Valentina	Brincos	Antena, 73	12520

2   Consultas

- Muestran los campos y registros de las tablas según los criterios que indiquemos. Por ejemplo, los clientes de un determinado lugar, los productos con pocas existencias o las obras de arte de una época concreta.

- Los datos pueden proceder de varias tablas. Por ejemplo, si tenemos una tabla con nuestros proveedores y otra con los productos, uniríamos las dos en una consulta para saber qué productos nos proporciona cada proveedor.

- También sirven para realizar cálculos, para llevar a cabo acciones que afecten al contenido de las tablas y para comparar los datos almacenados.

3   Formularios

- Visualizan y gestionan los datos de las tablas (o consultas), registro a registro. De esta forma, vemos un registro con sus campos a modo de ficha, para mayor comodidad del usuario de la base de datos.

- Pueden contener vínculos a otros objetos de la base de datos o externos, lo cual agiliza el trabajo de abrir aquellos que están relacionados.

- También, es posible añadir botones para realizar otras acciones, como cerrar el formulario.

4   Informes

- Presentan los datos de tablas y consultas en un formato adecuado para imprimir.

- Agrupan, ordenan y realizan cálculos sobre los datos.

- Los informes, al igual que los demás objetos, se pueden exportar a otros formatos, como PDF.

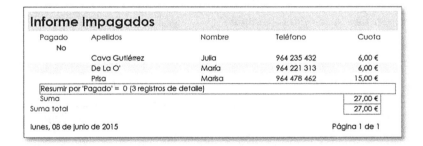

1.2 Crear base de datos · Panel de navegación

Access ofrece muchas plantillas de base de datos que contienen objetos ya preparados, pero para aprender a diseñar y a trabajar con bases de datos es mucho mejor crearla desde cero y conocer todo el proceso. Esto es lo que haremos desarrollando un supuesto práctico en el que crearemos los objetos necesarios para gestionar los socios de un club de billar y las cuotas que pagan al club.

Comenzaremos **creando la base de datos**, la cual hay que guardar antes de añadir los objetos y los datos. La extensión de los archivos de *Access* a partir de la versión 2007 es **.accdb**.

El **Panel de navegación** es la zona de la ventana de *Access* donde se muestran las tablas, consultas, formularios e informes que creamos. Comprobaremos su configuración para que se muestren estos objetos adecuadamente.

PRÁCTICA

A   Abra *Access* y verá desplegadas las opciones de **Archivo > Nuevo**. Seleccione (si no lo está) **Base de datos en blanco** en el área de **Plantillas disponibles**.

Base de datos en blanco

Dele el nombre de **Club de Billar.accdb** en la casilla **Nombre de archivo** (si no escribe la extensión, la pondrá el programa automáticamente).

De forma predeterminada se guardará en la biblioteca **Documentos** al clicar en **Crear**, pero si preferimos otra ubicación, clicaremos en el **icono de la carpeta**, a la derecha de la casilla con el nombre del archivo, y elegiremos la carpeta de destino.

B   A continuación, clique en el título del **Panel de navegación** (a la izquierda de la ventana de la aplicación) para desplegar su menú.

Asegúrese de que están seleccionados **Tipo de objeto** y **Todos los objetos de Access**.

Esto mostrará todos los objetos de *Access* a medida que los vaya creando y los organizará según su tipo.

El **Panel de navegación** también nos servirá para seleccionar y realizar operaciones con tablas, consultas, formularios e informes.

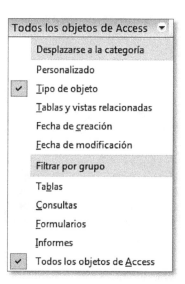

1.3   Tablas: crear, agregar campos, guardar

Las **tablas** son los objetos esenciales en toda base de datos, por tanto, una vez guardada la base de datos, lo primero que hemos de hacer es crear una tabla para introducir los datos de los socios del club.

A diferencia de las tablas de *Word* o de *Excel*, en las que escribimos directamente en las celdas, las de *Access* requieren que vayamos añadiendo campos (columnas) uno a uno y que indiquemos qué tipo de datos contendrá cada campo añadido. Por ejemplo, si creamos un campo para los apellidos de una persona, indicaremos que el tipo de datos será texto; si el campo almacenará un precio, el tipo de datos será número o moneda.

En este tema veremos cómo **crear** la tabla, cómo **agregar campos** que contendrán **texto** (en la **Vista Hoja de datos**) y cómo **guardar** estos cambios en el diseño de la tabla.

PRÁCTICA

A   *Access* nos muestra automáticamente una **tabla** (**Tabla1**) cada vez que creamos una base de datos nueva.

La aprovecharemos para configurar nuestra primera tabla, pero, si la cerramos por error podemos crear otra en **Crear > Tabla / Diseño de tabla**.

La tabla aparece en la **Vista Hoja de datos**, que es la vista utilizada para introducir datos, pero que también nos permite agregar campos.

De momento, solo contiene el campo, **Id** (que trataremos posteriormente), y un botón en el encabezado de la segunda columna.

Clicaremos sobre el botón *Haga clic para agregar* y en el **menú de tipo de datos**, elegiremos **Texto**.

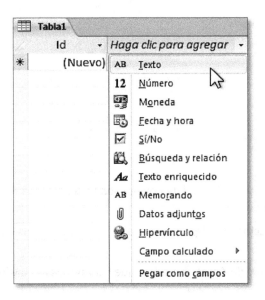

Ahora tendremos el **nombre del campo** (**Campo1**) seleccionado, preparado para que lo cambiemos: escribiremos **Nombre**, ya que contendrá el nombre propio del socio o socia del club, y pulsaremos **Entrar** (Intro). Si nos equivocamos al escribir, haremos doble clic sobre el encabezado y escribiremos el texto correcto.

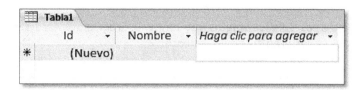

B   Agregaremos **tres** campos más del tipo texto, **Apellidos**, **Alias** y **Dirección**, de igual manera que el anterior: clic en el botón de **agregar**, elegimos el **tipo**, cambiamos el **nombre** y pulsamos **Entrar**.

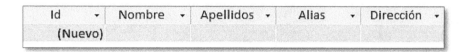

C   Por último, clicaremos con el botón derecho en la **etiqueta** de la tabla (**Tabla1**) para desplegar el **menú contextual** (o pulsaremos **Ctrl+G**) y la **guardaremos** con el nombre **SOCIOS**.

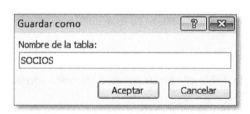

Nota: Si nos equivocamos al darle el nombre a la tabla, siempre podemos cambiarlo en el **Panel de navegación**. Para ello, deberemos cerrar la tabla con el **menú contextual** de su etiqueta y del menú contextual de su nombre en el **Panel de navegación**, elegir **Cambiar nombre**.

Es muy importante **decidir los nombres** de las tablas al **inicio del diseño de la base de datos**, ya que una vez hayamos creado otros objetos (consultas, formularios e informes) y establecido relaciones entre ellas será muy problemático cambiarlos.

En el supuesto que desarrollamos aquí, hemos optado por escribir los nombres de las tablas en mayúsculas para identificarlas más fácilmente. Otros diseñadores prefieren escribir **Tabla** o **Tbl** delante del nombre. Sea como sea, se puede dar el nombre que uno prefiera, siempre que sea indicativo de su contenido.

1.4   Cerrar y abrir tabla · Cerrar y abrir base de datos

Las tablas, como cualquier otro objeto de la base de datos, las creamos, guardamos, cerramos y abrimos dentro de la ventana de *Access*.

Pero la base de datos en sí no la guardamos, solo los objetos que contiene. Si cerramos *Access*, todos los objetos abiertos que no estén siendo editados se cerrarán automáticamente.

PRÁCTICA

A   **Cierre** la tabla SOCIOS con el **menú contextual** de su etiqueta o clicando la equis X , a la derecha de la ventana de la tabla.

Cierre, a continuación, la base de datos desde **Archivo > Cerrar base de datos**.

Si cierra *Access* clicando la equis de la barra de título, cerrará la ventana del programa y la base de datos.

B   Vuelva a **abrir** la base de datos haciendo doble clic sobre su icono en la biblioteca **Documentos** (o en la carpeta donde la guardó).

Si tiene *Access* abierto, puede acceder a **Archivo > Abrir** o buscar la base de datos en los **archivos recientes**.

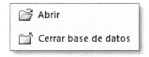

C   Desde el **Panel de navegación**, **abra** la tabla haciendo **doble clic** en su nombre (o **menú contextual > Abrir**).

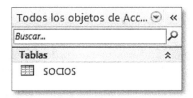

D   La tabla aparece en la **Vista Hoja de datos**, pero cambiaremos a la de diseño, clicando en el botón **Vista Diseño** de la ficha **Inicio**.

1.5   Tablas: agregar y modificar campos en Vista Diseño

Antes hemos añadido campos a la tabla en la **Vista Hoja de datos**, pero tendremos un mayor control y más posibilidades de configuración en la **Vista Diseño**, que será la utilizada habitualmente para **agregar** y **modificar campos**.

Práctica

A   En la **Vista Diseño** veremos una cuadrícula que muestra los **nombres** de los campos en la primera columna, el **tipo de datos** en la segunda y una casilla para incluir una **descripción** (opcional) en la tercera columna.

En el panel inferior aparecen las **Propiedades de los campos** y un recuadro con ayuda contextual, la cual muestra información de la casilla donde nos encontramos.

Al clicar en los nombres de los campos creados, la ficha **General** de las propiedades del campo nos mostrará el **tamaño** de los mismos, **255** caracteres. Ese tamaño es el máximo para campos de texto y se adjudica automáticamente cuando los agregamos.

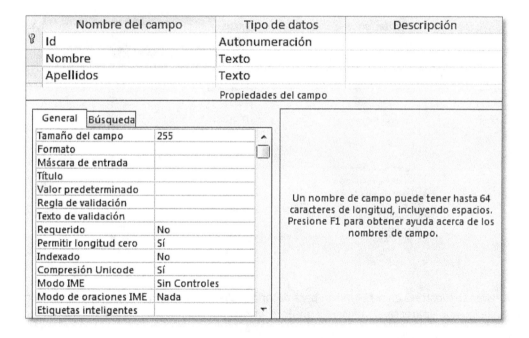

B   No es conveniente asignar más tamaño a un campo del que necesita, ya que *Access* reserva ese espacio en el disco, independientemente del tamaño de los datos que introduzcamos, haciendo que la base de datos sea más grande de lo que debiera. Por ejemplo, aunque el nombre sea "Pepe", que tiene 4 caracteres, en el disco ocupará como si tuviera 255 caracteres. Deberemos, pues, modificar los tamaños de nuestros campos.

Clique sucesivamente en **Nombre**, **Apellidos**, **Alias** y **Dirección** y escriba un nuevo tamaño en la casilla **Tamaño de campo**:

Nombre del campo	Tamaño
Nombre	20
Apellidos	50
Alias	20
Dirección	50

C **Agregue** dos nuevos campos, **Población** y **Provincia**, debajo de los anteriores usando la cuadrícula del panel superior. Para establecer el tipo de datos, despliegue la casilla.

Nombre del campo	Tipo de datos	Tamaño
Población	Texto	50
Provincia	Texto	25

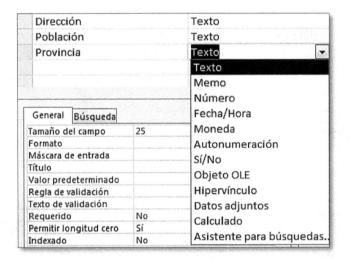

D En **Inicio > Vistas** se mostrará ahora el botón para pasar a la **Vista Hoja de datos**: clique en el botón, **guarde** la tabla cuando aparezca el mensaje y observe los campos creados.

Ver
▾
Vistas

NOTA: Cuando pasemos a la vista de datos nos pedirá que guardemos, siempre que hayamos modificado el diseño.

█ 1.6   Tablas: campos de Fecha/Hora, Número, Sí/No

Para almacenar fechas y números contamos con los tipos de datos **Fecha/Hora** y **Número**. El tipo **Sí/No** muestra una casilla para activarla o desactivarla, lo cual es muy útil para filtrar una tabla.

En el caso de las fechas y el campo booleano (Sí/No), no tendremos que configurar la propiedad **Tamaño**; mientras que, en el caso del número, su tamaño no serán dígitos, como los de tipo texto que hemos visto, sino aquellos especiales que maneja *Access* y que comentaremos con mayor detalle en el tema siguiente.

PRÁCTICA

A   Vuelva a la **Vista Diseño** para introducir los campos mostrados, a continuación de los ya existentes.

Establezca su **formato** y su **tamaño** en el panel **Propiedades del campo**.

Nombre del campo	Tipo de datos	Tamaño	Formato
Código Postal	Texto	5	---
Fecha de Nacimiento	Fecha/Hora	---	Fecha Corta
Teléfono	Texto	9	---
Cuota	Número	Simple	Euro
Pagado	Sí/No	---	Sí/No

Para establecer el **formato** (y el **tamaño de número**), despliegue la casilla correspondiente:

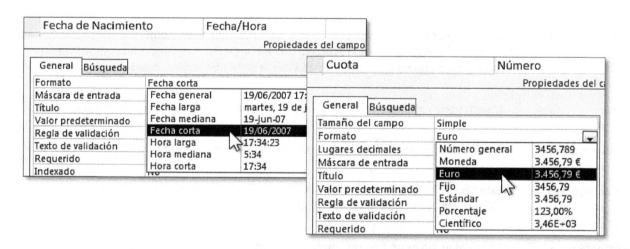

NOTA: Aunque un código postal y un número de teléfono constan de dígitos, establecemos su formato como texto porque no vamos a operar con ellos. Esto lo tomaremos como norma para cualquier campo similar. Los campos de texto admiten valores alfanuméricos, esto es, caracteres y números.

1.7   Tipos de datos y tamaño

Cuando diseñamos una base de datos, debemos ser cuidadosos al seleccionar el **tipo de datos** para cada campo, ya que, una vez introducidos los datos, hacer cambios puede resultar muy problemático.

El mismo cuidado hemos de tener al especificar su **tamaño**. Por ejemplo, si disminuimos los caracteres asignados a un campo de texto, se truncarán los datos introducidos que superen el nuevo tamaño. O, si cambiamos un campo de tipo número que admite muchos dígitos y decimales a otro que no los admite, los números existentes en ese campo se redondearán o se perderán.

Por ello, es conveniente conocer las características de los tipos de datos, las cuales resumimos en la tabla.

Tipo de datos	Características
Texto	Admite texto y números hasta **255** caracteres.
Memo	Admite grandes cantidades de texto y datos numéricos.
Número	Admite números y su tamaño puede ser: **Byte, Decimal, Entero, Entero largo, Simple** y **Doble.**
Fecha/Hora	Admite fechas y horas.
Moneda	Admite valores de moneda y aplica el **símbolo** de moneda (€, ¥, £, $, etc.) especificado en la configuración de Windows.
Autonumeración	En este tipo de campo, *Access* **inserta automáticamente un número** y lo **incrementa** cada vez que se agrega un nuevo registro a una tabla. Es útil para funcionar como clave principal, ya que no contendrá nunca valores repetidos y no se puede escribir en él.
Sí/No	Muestra una **casilla de verificación** o una **lista desplegable**, según el formato aplicado.
Hipervínculo	Está pensado para contener una **dirección web**. *Access* agrega http:// al texto escrito.
Datos adjuntos	Este tipo de campo sirve para adjuntar **archivos externos**, como imágenes, PDFs, hojas de cálculo, etc. No se puede escribir dentro de él.
Asistente para búsquedas	En realidad, no es un tipo de datos, sino un asistente que se usa para **crear listas desplegables** que muestran los posibles datos a introducir.

Si se establece la propiedad **Tipo de datos** en **Número**, la configuración del **Tamaño del campo** es un tanto peculiar y tiene que ver con la cantidad de dígitos que tenga el número a introducir, la precisión decimal requerida y el tamaño que ocupa en el disco. La tabla muestra los tamaños posibles y sus características.

Tamaño	Capacidad	Decimales	Ocupa
Byte	Números desde 0 hasta 255 (no admite fracciones).	Ninguno	1 byte
Decimal	Números desde $-10^{28}-1$ hasta $10^{28}-1$	28	2 bytes
Entero	Números desde −32,768 hasta 32,767 (no admite fracciones).	Ninguno	2 bytes
Entero largo	Números desde -2.147.483.648 hasta 2.147.483.647 (no admite fracciones).	Ninguno	4 bytes
Simple	Números desde −3,402823E38 hasta −1,401298E−45 para valores negativos y desde 1,401298E−45 hasta 3,402823E38 para valores positivos.	7	4 bytes
Doble	Números desde −1,79769313486231E308 hasta −4,94065645841247E−324 para valores negativos y entre 4,94065645841247E−324 y 1,79769313486231E308 para valores positivos.	15	8 bytes

En principio, es mejor usar el valor más pequeño posible, porque, cuanto menor es el dato, requiere menos memoria y se procesa más rápidamente. En bases de datos grandes, con miles de registros, este es un factor a considerar, no tanto en bases modestas, como las que desarrollamos en las prácticas de este libro.

Por otra parte, hay que tener muy en cuenta que, si ya existen datos y modificamos el tamaño del campo, se verán afectados y **no podremos deshacer los cambios** después de guardar el diseño de tabla. Por ello, si es necesario llevar a cabo cambios en el diseño cuando ya hay datos introducidos, lo mejor es hacer una copia de la tabla o del archivo de base de datos y comprobar allí el efecto del cambio sobre los datos.

> **Nota:** Aunque el tipo de datos **Moneda** también recoge valores numéricos, no es posible modificar su tamaño. En las prácticas hemos optado por asignar el tipo **Número** al campo **Cuota** por motivos didácticos, pero podría establecerse como moneda.

1.8   Máscaras de entrada: generar y escribir · Ayuda contextual

Los usuarios de la base de datos que diseñamos pueden cometer errores al escribir en los campos. Una forma de **controlar** y **normalizar** el aspecto de los datos a medida que los introducen los usuarios es crear plantillas para que se adapten a los requisitos. Estas plantillas se denominan **máscaras de entrada**.

PRÁCTICA

A   Generaremos las siguientes máscaras de entrada para los campos **Código Postal**, **Fecha Nacimiento** y **Teléfono** siguiendo las instrucciones.

Nombre del campo	Máscara de entrada
Código Postal	00000;;_
Fecha de Nacimiento	00/00/0000;0;_
Teléfono	000\ 000\ 000;;_

B   Seleccione (clique) el campo **Código Postal** y clique en la casilla **Máscara de entrada**. Ahora, clique en el **Generador** (el botón con tres puntos a la derecha de la casilla) y siga los pasos del **Asistente para máscaras de entrada**. Si se nos pide que guardemos la tabla, aceptaremos.

Elija **Código postal** en el primer paso y pruebe, si quiere, a escribir un código cualquiera. Si es incorrecto, por ejemplo, si escribe una letra en lugar de un número, se lo indicará el asistente. Luego, clique en **Siguiente** hasta finalizar el asistente, aceptando lo que nos propone *Access*.

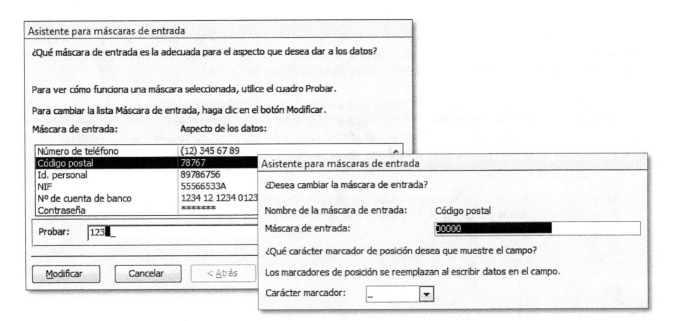

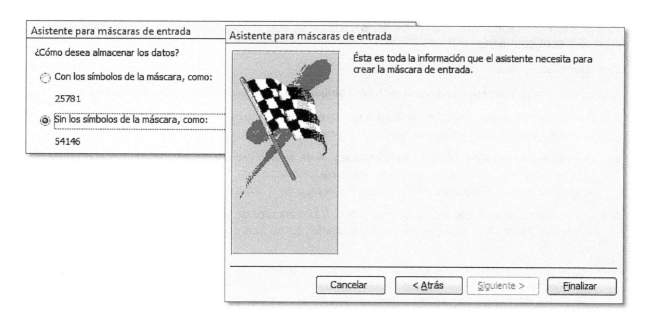

Una vez acabado el proceso veremos la máscara generada por el asistente, **00000;;_** , en el panel de **Propiedades del campo**.

C Para añadir una máscara de entrada al campo **Fecha de Nacimiento**, siga el mismo procedimiento, eligiendo **Fecha corta** en el primer paso y aceptando lo propuesto:

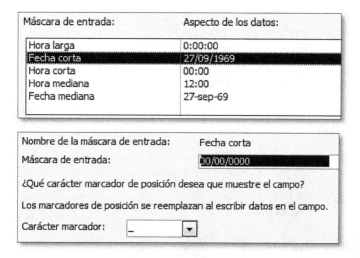

En el segundo paso del asistente se puede cambiar la máscara, escribiendo en la casilla correspondiente, pero, si se desconoce los códigos a incluir, lo mejor será dejar la que aparece.

De nuevo, al finalizar aparecerá la máscara generada por el asistente, **00/00/0000;0;_**.

D   Para la máscara de entrada del campo **Teléfono**, en lugar de usar el asistente, escriba en la casilla el código siguiente: **000\ 000\ 000;;_**

Con esta máscara indicamos:

1   Que se introduzcan **nueve números** de forma **obligatoria**. Cada cero (**0**) indica un dígito obligatorio.

2   Que se incluyan **espacios** detrás de los dos primeros grupos de tres números. Con la **barra inversa** se consigue incluir el carácter que la sigue, en este caso, un **espacio** (****),

3   Que **no se guarden** los **caracteres de la máscara**. Al dejar en blanco la segunda sección, tras el punto y coma (**;;_**), se mostrarán, pero no se guardarán, los espacios que hemos incluido con la barra inversa. Si escribimos un cero en esta sección, se guardarán, como en el caso de la máscara generada para la fecha.

4   Que el **marcador de posición** sea el subrayado (**_**). El marcador de posición puede ser cualquier carácter, que será sustituido por los que se tecleen al introducir los datos en el campo.

> **Nota:** Las máscaras de entrada constan de **tres secciones** separadas por **punto y coma**, siendo la primera la que especifica la máscara de entrada propiamente dicha. La segunda sección controla si se guardan, o no, los caracteres de la máscara, y la tercera estable un carácter marcador de posición.

E   Finalmente, **guarde** la tabla con el botón derecho de la **etiqueta (SOCIOS)** de la tabla o pulse **Ctrl+G**.

F   Para aprender más sobre este tema, colóquese en la casilla de la máscara de entrada de cualquier campo y pulse **F1**. Esto abrirá la ventana de la **ayuda** con artículos sobre las máscaras. Clique en el título del segundo artículo.

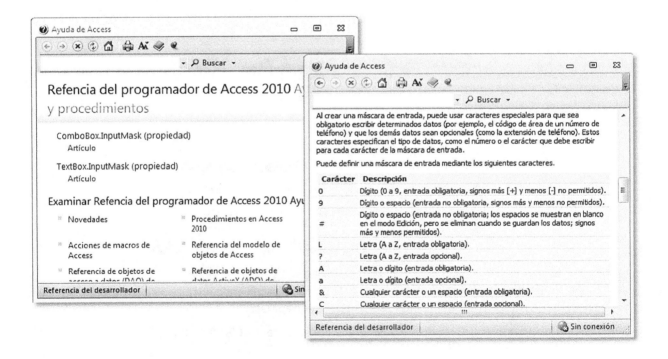

█ 1.9   Ayuda de Access

Hemos comentado antes que al pulsar **F1** accedemos a la **Ayuda de *Access***. También lo haremos al clicar en el **botón del interrogante**, a la derecha de la cinta de opciones.

La tecla de función F1 nos lleva a los temas de ayuda referentes al lugar que tengamos seleccionado, por eso, cuando lo pulsamos estando en la máscara de entrada, los artículos mostrados se refieren a dicho asunto.

El botón del interrogante nos muestra la ventana de ayuda general del programa, donde podemos **consultar** los artículos predeterminados o **buscar** el tema sobre el que necesitamos información.

Por desgracia, los artículos de la ayuda no siempre son lo suficientemente didácticos ni exactos en cuanto a los resultados que necesitamos. Con todo, nos puede ser de utilidad en alguna ocasión.

PRÁCTICA

A   **Abra** la ventana de ayuda del programa clicando en el botón del interrogante

Para familiarizarse con la aplicación, clique en el título del primer artículo, **Conceptos básicos de Access** y, luego, en **Agregar datos a una base de datos de Access**.

Desplácese por el artículo y clique en **Escribir datos en una tabla**. Ojee el artículo, si lo desea, y clique en el botón de la flecha izquierda en la barra de herramientas para volver atrás en los artículos consultados.

Esta barra nos servirá, entre otras cosas, para volver al inicio, imprimir el artículo y cambiar el tamaño de fuente.

B   **Busque**, ahora, el tema *propiedades de los campos*, escribiéndolo en la casilla de búsqueda y pulse **Entrar** (o clique en el botón **Buscar**). Si no encuentra el tema directamente, despliegue el **menú** del botón **Buscar** y amplíe la búsqueda a **Todo Access**, lo cual buscará en el sitio web Office.com (se necesita estar conectado a internet).

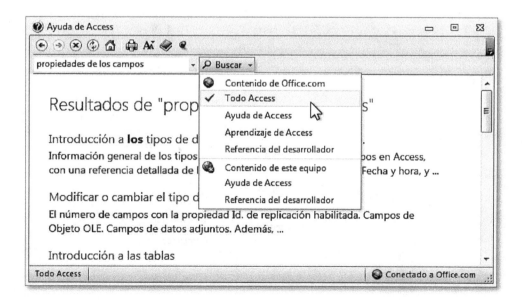

▌1.10   Tablas: renombrar, ordenar y eliminar campos, clave principal

Antes de introducir datos y crear otros objetos a partir de una tabla, nos conviene comprobar si los nombres de los campos son adecuados, si falta o sobra algún campo y si su orden es el más práctico para el usuario.

Además, es importante, comprobar que tenemos un campo establecido como **clave principal** para que *Access* cree un índice automáticamente a partir del contenido de ese campo.

En nuestro supuesto, hemos decidido modificar el **orden** y **cambiar** los **nombres** de algunos campos para clarificar su contenido o para que sean más cortos.

Por otra parte, nos han informado de que la dirección de los socios/as ha de ser exclusivamente de la ciudad de Castellón, así que **eliminaremos** el campo **Provincia**.

PRÁCTICA

A   En la **Vista Diseño**, clique en la casilla con el nombre del campo **Id** y **cambie** su **nombre** a **IdSocio**.

B   Compruebe que aparece el icono de una llave en el encabezado de la fila. Esto significa que *Access* ha establecido este campo, de tipo **Autonumeración**, como **clave principal** de la tabla.

El campo clave principal debe identificar inequívocamente cada registro de la tabla, es decir, no debe contener valores repetidos y no debe poderse cambiar, por ello, un campo que se numere automáticamente es ideal.

Siempre debe haber una clave principal en una tabla, porque *Access* crea automáticamente un índice para esa clave, que permite agilizar las consultas y otras operaciones.

Para **definir** o **quitar** la clave principal, use el menú contextual del encabezado de la fila del campo o acuda a **Herramientas de tabla > Diseño > Herramientas > Clave principal**.

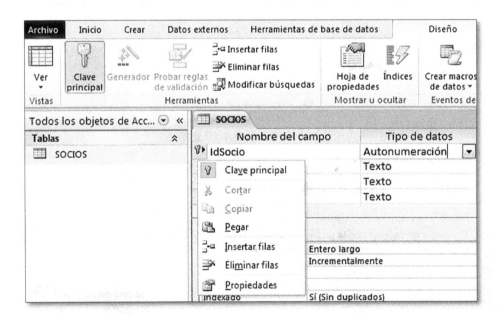

C Cambie el **nombre** del campo **Fecha de Nacimiento** por el de **FeNacim**.

D Cambie el **nombre** del campo **Código Postal** por el de **CP**.

E **Cambie** el **orden** de los campos: mueva el campo **CP** para que quede entre **Dirección** y **Población**. Para ello, clique sobre el **encabezado** para seleccionar la fila y **arrastre** el **encabezado** hasta la posición deseada.

Nombre del campo	Tipo de datos
🔑 IdSocio	Autonumeración
Nombre	Texto
Apellidos	Texto
Alias	Texto
Dirección	Texto
Población	Texto
Provincia	Texto
CP	Texto
FeNacim	Fecha/Hora

F **Elimine** el campo **Provincia** y el campo **Alias** con el **menú contextual > Eliminar filas** (o con **Herramientas de tabla > Diseño > Herramientas > Eliminar filas**).

1.11   Tablas: introducir datos

Una vez estamos satisfechos con el diseño de la tabla, es hora de almacenar la información de los socios/as.

En este tema trataremos los procedimientos para **introducir** los **datos** en los registros, operación que llevaremos a cabo en la **Vista Hoja de datos**

PRÁCTICA

A   Pase a la **Vista Hoja de datos** (puede cambiar de vista con los botones a la derecha de la **barra de estado**)

B   Introduzca el **primer registro**: clique en la **casilla** debajo del nombre del campo **Nombre** y escriba: **Anacleto**.

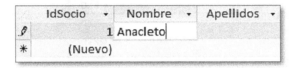

> **NOTA**: Mientras está escribiendo en los campos de un registro, el encabezado de la fila mostrará el icono de un **lápiz**.
>
> Los datos del campo **IdSocio** aparecerán automáticamente y no se podrán modificar, dado su tipo **Autonumeración**.

Pulse la **tecla Tab** para ir al campo **Apellidos** y escriba **Agente Secreto**.

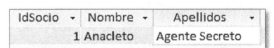

Repita el proceso para el resto de campos (también puede ir clicando en las distintas casillas para introducir los datos en lugar de pulsar **Tab**).

En los campos con **máscara de entrada**, escriba solo los dígitos y observe que se adaptan a la máscara definida.

En el campo **Pagado**, deje la casilla sin activar, ya que no ha pagado la cuota. Para activar/desactivar estas casillas de verificación, puede clicar o pulsar la **barra espaciadora**.

Nombre	Apellidos	Dirección	CP	Población	FeNacim	Teléfono	Cuota	Pagado
Anacleto	Agente Secreto	Rue del Percebe, 13	12560	Nules	29/04/1962	964 391 038	6,00 €	No

C   Introduzca los cuatro **registros** mostrados abajo.

Cada vez que quiera introducir un registro nuevo, puede clicar en la fila siguiente, pulsar **Tab** en el último campo del registro introducido o clicar en **Inicio > Registros > Nuevo**.

Asimismo, tenga en cuenta las acciones que producen las teclas o combinaciones de teclas de la tabla siguiente.

TECLAS	ACCIÓN
Tab o **Entrar**	Ir al **campo siguiente**
Mayús+Tab	Ir al **campo anterior**
Tab o **Entrar** al **final** de un registro	Ir al **registro siguiente**
	Introducir un **registro nuevo** si se pulsa en el último
Barra espaciadora	Cambiar el **valor** de la **casilla de verificación** (Sí/No)
Ctrl+" (comillas)	Insertar el **mismo contenido** del campo del registro anterior
Esc o **Ctrl+Z**	**Borrar** el **contenido** de todos los campos del registro que **se está editando** o deshacer cambios si ya existía el registro
Ctrl+Z	**Eliminar** el **registro** que **se acaba de introducir**

Nombre	Apellidos	Dirección	CP	Población	FeNacim	Teléfono	Cuota	Pagado
Imanol	Arias García	Mayor, 59	12001	Castellón	09/05/1960	964 235 487	5,50 €	Sí
Julia	Cava Gutiérrez	Puente Viejo, s/n	12006	Castellón	06/07/1948	964 235 432	6,00 €	No
Leonard	Cohen	Torre Canción, Ático	12006	Castellón	12/12/1946	615 236 444	4,25 €	Sí
Valentina	Brincos	Antena, 73	12520	Nules	02/05/1950		8,00 €	Sí

Una vez introducidos, la tabla quedará así:

IdSocio ⌄	Nombre ⌄	Apellidos ⌄	Dirección ⌄	CP ⌄	Población ⌄	FeNacim ⌄	Teléfono ⌄	Cuota ⌄	Pagado ⌄
1	Anacleto	Agente Secretc	Rue del Percebe, 13	12560	Nules	29/04/1962	964 391 038	6,00 €	☐
2	Imanol	Arias García	Mayor, 59	12001	Castellón	09/05/1960	964 235 487	5,50 €	☑
3	Julia	Cava Gutiérrez	Puente Viejo, s/n	12006	Castellón	06/07/1948	964 235 432	6,00 €	☐
4	Leonard	Cohen	Torre Canción, Ático	12006	Castellón	12/12/1946	615 236 444	4,25 €	☑
5	Valentina	Brincos	Antena, 73	12520	Nules	02/05/1950		8,00 €	☑

IMPORTANTE

Podrá **deshacer** (**Esc** o **Ctrl+Z**) las modificaciones que haga en un **registro** (fila) mientras se encuentre en él, pero ya no podrá hacerlo cuando lo guarde o inserte otro registro. Al deshacer, se eliminará el contenido de **todos los campos** de ese registro.

Los registros se **guardan automáticamente** cuando insertamos otro, pero si queremos guardar un registro durante el proceso de introducción de datos acudiremos a **Inicio > Registros > Guardar** (o **Mayús+Entrar**).

D Por último, **cierre** la tabla. No es necesario guardarla si no hacemos cambios en su diseño.

1.12   Tablas: ordenación de los datos, filtros y búsqueda

En tablas con muchos registros, si necesitamos encontrar una información concreta, será necesario saber cómo **ordenar** los registros, cómo **filtrar** la tabla para que muestre solamente aquellos registros que nos interesan y cómo **buscar** la información directamente en la tabla.

Al utilizar estas tres herramientas, por separado o combinadas, mostraremos y localizaremos rápidamente cualquier dato. Encontraremos las distintas opciones en la ficha **Inicio**, en el grupo **Ordenar y filtrar** y en el grupo **Buscar**.

Realice las prácticas propuestas a fin de familiarizarse con estas herramientas básicas.

PRÁCTICA

A   Abra la tabla SOCIOS y, en **Vista Hoja de datos**, ordénela por el campo **Cuota** en modo **descendente** de la siguiente manera:

Sitúese la columna de dicho campo y en **Inicio > Ordenar y filtrar**, clique en el botón **A-Z descendente** o haga clic en la flecha a la derecha del nombre del campo y elija **Ordenar de mayor a menor**.

B   Luego, ordénela por **Apellidos** en orden **ascendente**.

El último criterio de ordenación es el que prevalece, pero se muestra el icono de una flecha a la derecha de los campos que hemos usado para ordenar.

Clique en **Quitar orden** para dejar el orden inicial (**IdSocio**).

C   **Filtre** la tabla por el campo **Población** para que aparezcan solo los socios de **Castellón** de la siguiente manera:

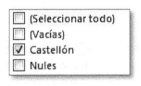

En **Inicio > Ordenar y filtrar > Filtro** o clicando en la flecha a la derecha del nombre del campo, deje solo la casilla de **Castellón** seleccionada y pulse **Aceptar**.

Deberían aparecer los tres registros de los socios de Castellón. El nombre del campo mostrará el icono de un **embudo** para indicar que contiene un filtro.

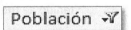

D   Luego, **quite el filtro** desde el mismo menú, eligiendo **Quitar filtro de Población**.

E Ahora, queremos mostrar los registros de los socios de **Nules** que **no han pagado** la cuota. Lo conseguiremos aplicando dos filtros, uno en **Población** y el otro en **Cuota**.

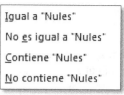

Para aprender otro método de filtrado usaremos, en esta ocasión, un **filtro por selección**: colóquese en uno de los campos cuyo contenido sea **Nules** y acceda a **Inicio > Ordenar y filtrar > Selección > Igual a "Nules"**.

A continuación, pulsando **Tab**, colóquese en uno de los campos con la casilla **Pagado** no seleccionada. Acceda de nuevo al **filtro por selección** y elija **No está activada**.

Debería aparecer solamente el registro de Anacleto Agente Secreto.

F **Quite todos los filtros** a la vez desde **Inicio > Ordenar y filtrar > Avanzadas > Borrar todos los filtros**.

G Despliegue el menú de la flecha del campo **Cuota** y mediante **Filtros de números > Mayor que**, consiga que aparezcan aquellos socios cuya cuota sea **mayor o igual a 6 €**.

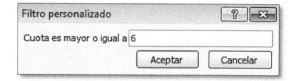

H Clique **Inicio > Ordenar y filtrar > Alternar filtro** para desactivar el filtro provisionalmente. Vuelva a clicar para activarlo. Por último, quite el filtro definitivamente.

Practique otros criterios de filtrado y, al acabar, recuerde quitarlos todos.

I Clique en **Inicio > Buscar** y busque en el campo **Apellidos** aquellos socios cuyo apellido comience por "C".

En el cuadro de diálogo, escriba esa inicial en la casilla **Buscar**, restrinja la búsqueda al **Campo actual** y al **Comienzo del campo**. Clique el **Buscar siguiente** para localizar los registros.

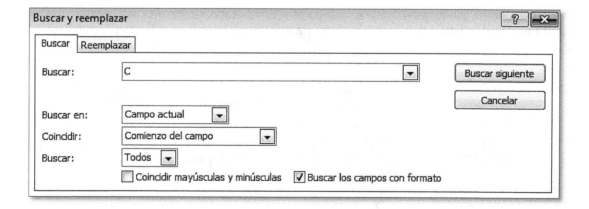

J A continuación, busque en **toda la tabla** los socios de Nules.

1.13 Tablas: mover, ocultar e inmovilizar campos

Cuando necesitemos mostrar o imprimir los datos de una tabla de forma distinta a lo establecido en **Vista Diseño**, lo modificaremos en la **Vista Hoja de datos**. Aquí **moveremos** las columnas para cambiar el orden de los campos y **ocultaremos** aquellos que no queremos mostrar.

Si en la tabla hay muchos campos (columnas) llegará el momento que perderemos de vista las primeras columnas a medida que escribimos en los campos posteriores. Normalmente las primeras columnas contienen los datos clave y sería conveniente tenerlas siempre visibles mientras introducimos los datos del registro. Lo conseguiremos con la opción de **inmovilizar columnas**.

Estas operaciones se llevan a cabo mediante el **menú contextual** de los encabezados de las columnas o en **Inicio > Registros > Más**.

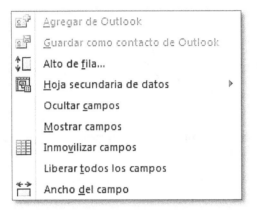

PRÁCTICA

A   Con la tabla SOCIOS en modo **Hoja de datos**, **cambie el orden** de los campos **Nombre** y **Apellidos** para que aparezca primero el de Apellidos.

Para ello, **seleccione** la columna del nombre clicando en el encabezado. Luego, mueva el puntero a la parte inferior del **encabezado** (el puntero cambiará de forma a una cruz con flechas) y **arrastre** la columna.

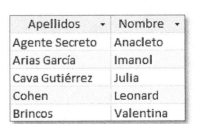

Compruebe que este cambio en la **Hoja de datos** no ha afectado al orden establecido en **Vista Diseño**. Vuelva a **Hoja de datos** y revierta esta acción.

B   **Oculte** los campos **Dirección, CP, Población** y **FeNacim** con el **menú contextual** de sus encabezados o **Inicio > Registros > Más > Ocultar campos**.

Puede seleccionarlos previamente arrastrando por encima de sus encabezados y ocultarlos todos a la vez.

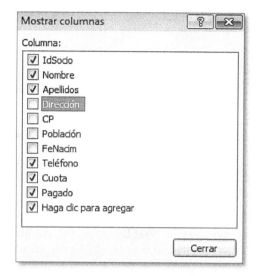

C   Luego, **muéstrelos** todos con el **menú contextual** de cualquier encabezado o **Inicio > Registros > Más > Mostrar campos**: seleccione las casillas a la izquierda de los nombres.

En este cuadro de diálogo de mostrar columnas podemos, tanto mostrar los campos (columnas) ocultos, como ocultarlos al desactivar las casillas.

Compruébelo **ocultando** el campo **IdSocio**.

D   **Inmovilice** los campos **Nombre** y **Apellidos**: seleccione las columnas y use el **menú contextual** (o **Inicio > Registros > Más > Inmovilizar campos**).

> **NOTA:** Los campos que inmovilicemos se colocarán automáticamente al **inicio de la tabla** en la **Vista Hoja de datos**. En nuestro caso, ya son los campos iniciales y no veremos ninguna diferencia. Los campos inmovilizados no podrán ser movidos para cambiar su orden.

E   Para comprobar que están correctamente inmovilizados, estreche la ventana de *Access* y desplácese hacia la derecha por los campos.

Si ha habido algún error y necesita **liberarlos**, utilice el menú contextual de cualquier encabezado (o **Inicio > Registros > Más > Liberar campos**) y, si fuera necesario, vuelva a ordenarlos.

Nombre	Apellidos	FeNacim	Teléfono	Cuota	Pagado
Anacleto	Agente Secreto	29/04/1962	964 391 038	6,00 €	☐
Imanol	Arias García	09/05/1960	964 235 487	5,50 €	☑
Julia	Cava Gutiérrez	06/07/1948	964 235 432	6,00 €	☐
Leonard	Cohen	12/12/1946	615 236 444	4,25 €	☑
Valentina	Brincos	02/05/1950		8,00 €	☑

F   **Modifique** el código postal de Anacleto: escriba 12520.

1.14   Tablas: formato de texto, imprimir

Aunque no es algo esencial en una tabla, es posible aplicar **formato de texto** a los datos si queremos personalizar el aspecto de la información a mostrar o a imprimir.

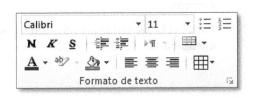

Las opciones disponibles son equivalentes a las básicas de un procesador de texto y las encontramos en el grupo **Formato de texto** de la ficha **Inicio**.

Los formatos de fuente, negrita, cursiva, subrayado, color, relleno y cuadrícula se aplican al conjunto de la tabla, mientras que la alineación afecta a campos individuales

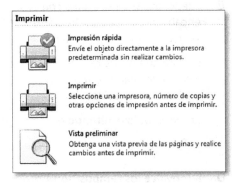

Access dispone de un objeto llamado informe destinado, esencialmente, a imprimir los datos de las tablas, pero también podemos **imprimir la tabla** directamente, sin necesidad de crear un informe.

La ordenación de los datos y los campos, las columnas ocultas y los filtros aplicados se considerarán al imprimir los registros.

Al acceder a **Archivo > Imprimir > Vista preliminar** tendremos el control sobre la impresión para obtener el resultado deseado.

PRÁCTICA

A   En **Vista Hoja de datos** cambie cualquier **formato** que le interese (fuente, negrita, color, cuadrícula, etc.) en **Inicio > Formato de texto**.

Tenga en cuenta que <u>no podrá deshacer la acción</u> con el botón **Deshacer** o **Ctrl+Z**. En lugar de ello, deberá aplicar manualmente el formato anterior o cerrar la tabla sin guardar los cambios. Esta última opción será la mejor si se han probado varios formatos y se quieren descartar todos para volver al predeterminado.

NOTA: El tipo de datos **memo** se puede configurar como **texto enriquecido**, lo cual hará que admita todos los formatos individualmente, incluidos la sangría, la numeración y las viñetas.

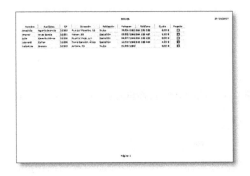

B   Compruebe cómo quedará impresa la tabla en **Archivo > Imprimir > Vista preliminar**. Use el **zoom** para aumentar o disminuir la vista.

Compruebe el **tamaño del papel**, los **márgenes** y la **orientación**. Cambie esta última a **Horizontal** e imprima si lo desea clicando en **Imprimir**.

Por último, cierre la **Vista preliminar** y **cierre la tabla**.

▶ MÓDULO 2

TEMAS

2.1   Formularios: crear, modificar aspecto y diseño

La información de los socios/as del club de billar la hemos introducido directamente en la tabla, pero para los usuarios de la base de datos es más cómodo utilizar un formulario que muestre los registros uno a uno, con todos sus campos. Estos objetos son especialmente útiles cuando existen muchos campos por registro, así no los perdemos de vista.

Crear un **formulario** es muy sencillo desde **Crear > Formularios**. Con la tabla seleccionada, el botón **Formulario** nos proporcionará automáticamente uno que contendrá todos los campos visibles de la tabla. Seguiremos este procedimiento en la práctica de este tema.

> NOTA: Si clicamos en los botones **Diseño del formulario** o **Formulario en blanco** deberemos incluir los campos de forma manual, mientras que **Asistente para formularios** nos llevará paso a paso en su creación. Este último botón y el resto de opciones serán útiles para formularios complejos.

Una vez creado el formulario, habrá que modificar su **aspecto** y su **diseño** para ajustarlo a nuestras necesidades.

PRÁCTICA

A   Con la tabla SOCIOS seleccionada en el **Panel de navegación**, cree un **formulario** para introducir datos en la tabla desde **Crear > Formularios > Formulario**.

Verá que contiene todos los campos excepto **IdSocio**, porque lo ocultamos anteriormente. Los campos incluidos en los formularios reciben el nombre de **controles** y el nombre de cada campo se denomina **etiqueta del control**.

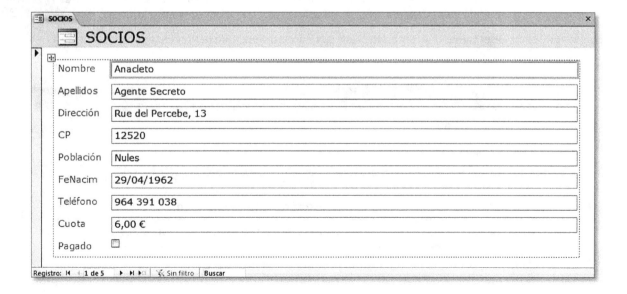

B El formulario aparece en la **Vista Presentación**, la cual es, junto a la **Vista Diseño**, la utilizada para modificarlo. Por tanto, aunque veamos los datos de la tabla en los controles y flechas en la parte inferior para desplazarnos de un registro a otro, no podremos acceder a los datos.

La **Vista Formulario** es la que nos permite gestionar los datos de la tabla.

Para cambiar la vista del formulario clicaremos en **Inicio > Vistas > Ver**.

C Antes de usar el formulario para gestionar los datos, modificaremos su **aspecto** y su **diseño**.

En la **Vista Presentación** (o **Vista Diseño**), vaya a la ficha **Herramientas de presentación de formulario > Diseño** y en el grupo **Temas** cambie, si lo desea, el tema (en el ejemplo se ha usado en el tema **Aspecto**), los colores o la fuente. Estos cambios no se pueden deshacer con el botón deshacer o **Ctrl+Z**.

> **Nota:** Si aparece un panel a la derecha con la lista de campos, clique en el botón de la X o clique en **Herramientas de presentación de formulario > Diseño > Agregar campos existentes** para cerrarlo.

D Todos los controles aparecen agrupados y no podremos moverlos ni cambiar su tamaño individualmente, así que lo primero que haremos será anular este agrupamiento.

Pase a la **Vista Diseño** y clique en cualquier control de la **sección Detalle**.

A continuación, seleccione **todos los controles** de esa sección clicando en la esquina superior izquierda, en el cuadrado de la **cruz con flechas** (o desde **Herramientas de diseño de formulario > Organizar > Filas y columnas > Seleccionar diseño**).

En la ficha **Organizar**, en el grupo **Tabla**, elija **Quitar diseño**. Esto nos permitirá modificar los controles individualmente tanto en la **Vista Diseño** como, más fácilmente, en la **Vista Presentación.**

Para **mover** y **cambiar el tamaño** de los controles y sus etiquetas en la **Vista Presentación** utilice los procedimientos de la tabla siguiente:

ACCIÓN	PROCEDIMIENTO
Seleccionar un control o etiqueta	**clic**
Seleccionar o quitar selección de varios	**Ctrl+clic** o **Mayús+clic**
Mover control y etiqueta	seleccionar ambos y **arrastrar** o **teclas de dirección**
Mover control o etiqueta	**arrastrar** o **teclas de dirección**
Cambiar tamaño	arrastrar **borde** o **Mayús+teclas dirección**
Deshacer acción	botón **Deshacer** o **Ctr+Z**

NOTA: En la **Vista Diseño**, para **mover** el control y su etiqueta, arrastraremos el **borde** de cualquiera de ellos, mientras que, para **separarlos**, arrastraremos el **cuadrado** en la esquina superior izquierda. Las **dimensiones** las modificaremos arrastrando los **controladores de tamaño**.

E **Cambie la anchura** de los controles y sus etiquetas y **muévalos** para cambiar su distribución hasta que el formulario se vea aproximadamente como el de la imagen de abajo.

No se preocupe por la exactitud del resultado: use este primer formulario para practicar los procedimientos de modificación del diseño. Cuando más adelante creemos otros formularios, ya tendrá la suficiente experiencia.

F Clique en el **título** y cámbielo por **Socios del Club de Billar**.

Experimente, si lo desea, con los formatos de los controles usando las opciones de **Herramientas de presentación de formulario > Formato**.

G **Guarde** el formulario con el nombre de **Formulario Socios** mediante el menú contextual de su etiqueta.

Luego, **ciérrelo** clicando en el botón de la **X**, o con el menú contextual de su etiqueta.

2.2   Formularios: gestión de registros y datos, revisión ortográfica

Ahora que disponemos de un formulario para gestionar los **registros** y los **datos** de nuestra tabla SOCIOS, lo usaremos para **introducir** otros/as socios/as, **eliminar** registros, **modificar**, **buscar** y **reemplazar** datos.

Veremos, también, que podemos comprobar la **ortografía** de forma similar al procesador de texto.

Las herramientas para llevar a cabo estas operaciones las encontramos en el grupo **Registros** y en el grupo **Buscar** de la ficha **Inicio**.

PRÁCTICA

A   Abra el **Formulario Socios** y en **Vista Formulario** (la predeterminada al abrirlo) consulte los registros mediante la barra **Registro**, en la parte inferior del formulario.

> Registro: ◄   ◄   1 de 5   ►   ►►   ►❉

También puede utilizar estas combinaciones de teclas para desplazarse a nivel registro: **Ctrl+Av Pag** (siguiente); **Ctrl+Re Pag** (anterior); **Ctrl+Inicio** (primero); **Ctrl+Fin** (último).

B   Añada a la tabla SOCIOS los registros mostrados abajo mediante el formulario.

Para introducir un **registro nuevo** puede clicar en el último botón de la barra **Registro**, mencionada arriba, o **Inicio > Registros > Nuevo**.

Recuerde que los registros se guardan automáticamente al pasar al siguiente o al crear uno nuevo.

Para guardar un registro antes de rellenar todos sus campos, clique en **Inicio > Registros > Guardar**.

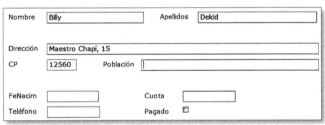

Nombre	Apellidos	Dirección	CP	Población	FeNacim	Teléfono	Cuota	Pagado
Billy	Dekid	Maestro Chapí, 15	12560	Benicàssim	29/04/1962	964 391 038	6,00 €	Sí
Juan	Salaor	Puerto Pesquero, 15	12500	Vinaròs	08/08/1968	964 503 344	6,00 €	Sí
María	De La O'	El Huerto, 13	12002	Castellón	13/03/1913	964 221 313	6,00 €	No
Marisa	Prisa	Centella, 7	12580	Benicarló	26/09/1970	964 478 462	15,00 €	No
Marta	Sánchez Gil	May, 69	12002	Castellón	31/07/1965	652 212 121	9,00 €	Sí

Las teclas que se utilizan para agilizar la introducción de datos en las tablas también funcionan en los formularios.

TECLAS	ACCIÓN
Tab o **Entrar**	Ir al **campo siguiente**
Mayús+Tab	Ir al **campo anterior**
Tab o **Entrar** al **final** de un registro	Ir al **registro siguiente**
	Introducir un **registro nuevo** si se pulsa en el último campo
Inicio	Ir al **primer campo** del registro
Fin	Ir al **último campo** del registro

(Desplazamiento)

TECLAS	ACCIÓN
Barra espaciadora	Cambiar el **valor** de la **casilla de verificación** (Sí/No)
Ctrl+" (comillas)	Insertar el **mismo contenido** del campo del registro anterior
Esc o **Ctrl+Z**	**Borrar** el **contenido** de todos los campos del registro en **edición** o deshacer cambios si ya existía el registro
Ctrl+Z	**Eliminar** el **registro** que **se acaba de introducir**

(Edición)

C   Elimine el registro de **Anacleto Agente Secreto [Inicio > Registros > Eliminar > Eliminar registro]**. Al eliminar un registro desaparece <u>sin posibilidad de recuperación</u>.

D   Cambie la **cuota** de Leonard Cohen a **6,00 €** y el **apellido** de Valentina, en lugar de Brincos debe ser **Crepax**.

E   La casilla **Buscar** en la barra inferior del formulario sirve para buscar en el registro activo. Para buscar en todos los registros hay que acceder a **Inicio > Buscar**. Localice a los socios/as de **Benicàssim** y **Benicarló**.

Colóquese en el campo **Población** antes de clicar en **Inicio > Buscar**. Escriba **Benic** en la casilla **Buscar** y **Comienzo del campo** en **Coincidir**. Restrinja la búsqueda al **Campo actual**. Clique en **Buscar siguiente** para ver los registros sucesivamente.

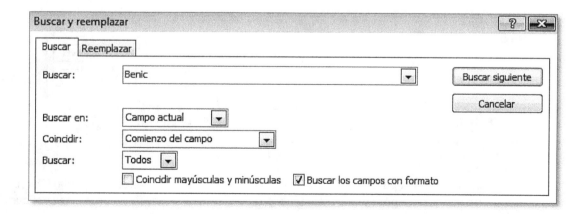

F   Colóquese en el campo **Población** y **reemplace** la palabra Castellón por **Castelló [Inicio > Buscar > Reemplazar]**.

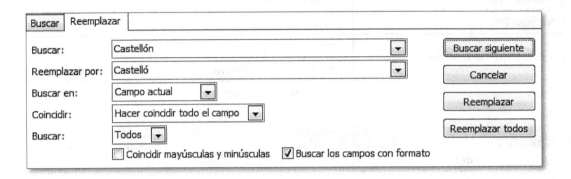

Reemplazar datos existentes es una operación delicada, ya que podríamos cometer un error que costara reparar. Por tanto, estaremos atentos a las opciones de búsqueda y reemplazo.

- En el cuadro de diálogo centre la búsqueda en el **Campo actual**, así evitamos cambiar otro dato que no sea la población. Por ejemplo, un apellido podría ser Castellón.

- Al **Hacer coincidir con todo el campo** descartamos las ciudades cuyo nombre contenga la palabra Castellón.

- No seleccionamos **Coincidir mayúsculas y minúsculas** por si se hubiera introducido, por ejemplo, "castellón".

- Si clicamos en **Buscar siguiente** y **Reemplazar** cambiaremos la palabra una a una. Si clicamos en **Reemplazar todo**, *Access* la cambiará en toda la tabla.

G   La herramienta de revisión ortográfica tiene un uso más habitual en un procesador de texto, como *Word*, no obstante, no está de más ver su funcionamiento: acceda a **Inicio > Registros > Revisión ortográfica** y compruebe que detecta la población Nules como incorrecta, ya que no está incluida en el diccionario del idioma empleado.

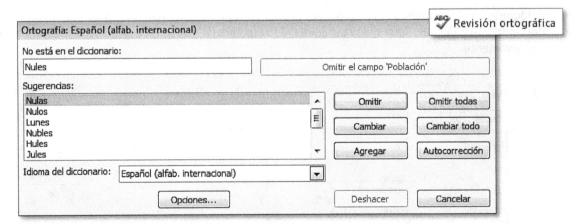

Si encuentra una palabra incorrecta puede cambiarla o cambiarlas todas las apariciones en la tabla, o bien, agregarla al diccionario para que ya no la detecte como incorrecta. Para ver y modificar cómo está configurada la revisión ortográfica, clique en **Opciones**.

2.3   Formularios: ordenación y filtrado

En el formulario, los registros se pueden **ordenar** y **filtrar** de igual manera que si estuviéramos en la tabla, sin que la ordenación o el filtrado aplicados al formulario afecten aquellos que pudieran existir en la tabla.

De hecho, los usuarios de la base de datos deberían interactuar con los datos mediante formularios, sin necesidad de acceder a las tablas.

Encontraremos las distintas opciones en la ficha **Inicio**, en el grupo **Ordenar y filtrar**.

Práctica

A   En el **Formulario Socios** ordene los registros por **Cuota** en forma **descendente**: sitúese en dicho campo en cualquier registro y en **Inicio > Ordenar y filtrar**, clique en el botón **A-Z descendente**.

Abra la tabla SOCIOS compruebe que esa ordenación no ha afectado a la propia de la tabla y, luego, ciérrela.

Vuelva al formulario y reordene los registros por **Nombre** ascendentemente.

B   **Filtre** el formulario para ver los socios nacidos **antes de 1960**.

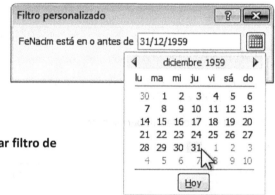

Sitúese en el campo **FeNacim** de cualquier registro y clique en **Inicio > Ordenar y filtrar > Filtro**. Elija **Filtros de fecha > Antes de**, escriba 31/12/1959 (o clique en el botón del calendario) y pulse **Aceptar**.

Compruebe que el filtro no se ha aplicado en la tabla SOCIOS.

Luego, **quite el filtro** en **Inicio > Ordenar y filtrar > Filtro > Quitar filtro de FeNacim**.

C   **Fíltrelo** de nuevo para mostrar los socios cuya cuota es **mayor o igual que 5** y **menor o igual que 6** [**Inicio > Ordenar y filtrar > Filtro > Filtros de números > Entre**].

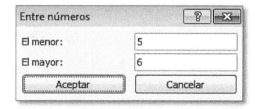

D   Experimente, si lo desea, con otros filtros, pero al acabar, asegúrese de que los quita todos desde **Inicio > Ordenar y filtrar > Avanzadas > Borrar todos los filtros**.

2.4   Consultas de selección · Exportar consulta como PDF

Las consultas son otro de los objetos básicos de una base de datos. Con ellas extraemos información relevante para la empresa, persona u organización a partir de los datos almacenados en las tablas.

Con las **consultas de selección** responderemos a preguntas, tales como: qué productos me proporciona un determinado proveedor; qué álbumes de los Beatles tengo; qué esculturas del siglo XX hay en el museo; o, en nuestro supuesto, qué socios no han pagado la cuota.

El resultado de este tipo de consultas se asemejará a la tabla ordenada, filtrada y/o con campos ocultos, con la ventaja de tenerla siempre disponible y poder generar informes mucho más rápidamente. También se puede **exportar como un archivo PDF**, si no se quiere crear un informe.

Así pues, en este tema aprenderemos a crear consultas de selección con cuatro ejemplos que nos den como resultado:

1   Los/as socios/as de **Vinaròs** y los de **Benicarló**.

2   Los/as socios/as de **Castellón** que han **pagado** la cuota, **ordenados** por Nombre.

3   Los/as socios/as que **no han pagado, ordenados** por Cuota.

4   Los/as socios/as cuyas **cuotas** sean **menores o iguales que 6 €**.

PRÁCTICA

Consulta de selección 1

A   Para crear la primera consulta que nos muestre los socios de Vinaròs y Benicarló clique en **Crear > Consultas > Diseño de consulta**.

En el cuadro de diálogo **Mostrar tabla** para elegir la que queremos consultar. Clique en SOCIOS, **Agregar** y **Cerrar**.

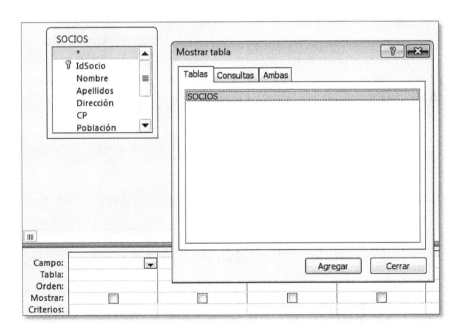

B   Ahora, en la cuadrícula de la parte inferior de la **Vista Diseño** debe elegir qué **campos** y qué **criterios** incluir en la consulta. Para añadir los primeros, se puede hacer de tres maneras:

1) Hacer **doble clic** sucesivamente sobre los campos que muestra la ventana de la tabla (si arrastramos el borde inferior veremos la lista completa).

2) **Arrastrar** los campos a las columnas de la cuadrícula (se pueden seleccionar varios previamente con **Ctrl+clic** o con **Mayús+clic**)

3) **Clicar** en la **fila Campo** de cada columna de la cuadrícula y elegir de la lista desplegable

Elija los campos Nombre, Apellidos, Dirección, CP, Población y Teléfono.

En las filas de **criterios** del campo Población escriba **"Vinaròs"** y debajo **"Benicarló"** (si no entrecomillamos el texto, lo hará *Access* por nosotros). Alternativamente, los criterios podrían colocarse solo en la fila **Criterios** como **"Vinaròs" O "Benicarló"**.

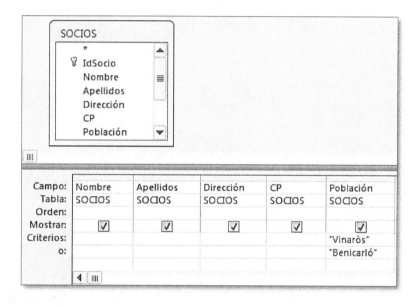

C   Pase a **Vista Hoja de datos [Herramientas de consultas > Diseño > Resultados > Ver]** para comprobar que solo aparecen los registros de Vinaròs y de Benicarló. También puede clicar en **Ejecutar**.

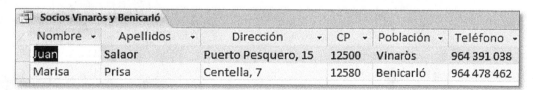

D   **Guarde** la consulta con el nombre de **Socios Vinaròs y Benicarló** mediante el menú contextual de su etiqueta.

Consulta de selección 2

E   Para ver los socios/as de Castelló que han pagado la cuota cree una **consulta de selección** de igual forma que la anterior y agregue la tabla SOCIOS.

F   Configure la cuadrícula de la **Vista Diseño** con los campos Nombre, Apellidos, Dirección, CP, Población, Teléfono, Cuota y Pagado.

Como **criterios** en la columna Población, escriba **Castelló**.

Como criterios en la columna Pagado, escriba **Sí** (con acento).

Ordene los registros por **Nombre** clicando en la casilla correspondiente y eligiendo de la lista desplegable.

Campo:	Nombre	Apellidos	Dirección	CP	Población	Teléfono	Cuota	Pagado
Tabla:	SOCIOS	SOCIOS	SOCIOS	SOCIOS	SOCIOS	SOCIOS	SOCIOS	SOCIOS
Orden:	Ascendente							
Mostrar:	✓	✓	✓	✓	✓	✓	✓	✓
Criterios:					Castelló			Sí
o:								

G   Pase a **Vista Hoja de datos [Herramientas de consultas > Diseño > Resultados > Ver]** y compruebe que solo aparecen los registros de Castelló ordenados por nombre y que han pagado la cuota.

H   Guarde la consulta con el nombre de **Socios Castelló**.

I   En **Vista Diseño** desactive la casilla **Mostrar** del campo Población, con ello estará incluido en la consulta, pero no se mostrará al ejecutarla.

Pase a **Vista Hoja de datos** (o **ejecute** la consulta) para ver el resultado.

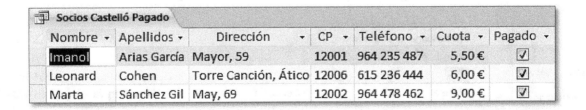

Nombre ▾	Apellidos ▾	Dirección ▾	CP ▾	Teléfono ▾	Cuota ▾	Pagado ▾
Imanol	Arias García	Mayor, 59	12001	964 235 487	5,50 €	✓
Leonard	Cohen	Torre Canción, Ático	12006	615 236 444	6,00 €	✓
Marta	Sánchez Gil	May, 69	12002	964 478 462	9,00 €	✓

J   Cierre la consulta y cambie su nombre en el **Panel de navegación** a **Socios Castelló Pagado** (menú contextual).

Consulta de selección 3

K Crearemos una consulta de selección, de manera que aparezcan sólo los socios que **no han pagado**, su nombre y apellidos, su dirección, su código postal, su población, su teléfono, su cuota y el campo Pagado.

L La **ordenaremos** por Cuota, descendente. En los **criterios** del campo **Pagado** habrá que escribir un cero: **0** porque no aceptará la palabra **No**, que en *Access* es un operador lógico. En campos de tipo booleano: **Sí = -1**; **No = 0**.

M Ejecutaremos la consulta para ver el resultado y la **guardaremos** con el nombre de **Consulta Impagados**.

Nombre ▾	Apellidos ▾	Dirección ▾	CP ▾	Población ▾	Teléfono ▾	Cuota ▾	Pagado ▾
Marisa	Prisa	Centella, 7	12580	Benicarló	964 478 462	15,00 €	☐
María	De La O'	El Huerto, 13	12002	Castelló	964 221 313	6,00 €	☐
Julia	Cava Gutiérrez	Puente Viejo, s/n	12006	Castelló	964 235 432	6,00 €	☐

N Desde **Archivo > Imprimir > Vista preliminar** compruebe cómo quedaría la copia impresa e imprima la **Hoja de datos** de la consulta si lo considera necesario.

O Luego, **exporte** el resultado de la consulta como PDF **[Datos externos > Exportar > PDF o XPS]**.

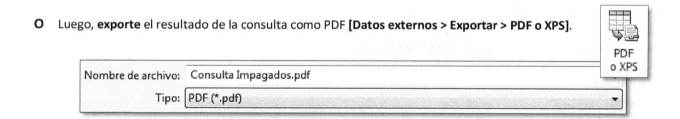

Nombre de archivo:	Consulta Impagados.pdf
Tipo:	PDF (*.pdf)

Consulta de selección 4

P Otra consulta de selección deberá mostrar aquellos socios cuya cuota sea **menor o igual que 6 €**.

Q Incluiremos los campos Nombre, Apellidos y Cuota y la ordenaremos por **cuota** ascendentemente.

Nombre ▾	Apellidos ▾	Cuota ▾
Imanol	Arias García	5,50 €
María	De La O'	6,00 €
Juan	Salaor	6,00 €
Billy	Dekid	6,00 €
Leonard	Cohen	6,00 €
Julia	Cava Gutiérrez	6,00 €

R El **criterio <=6** deberá figurar en el campo **Cuota**.

NOTA: Los **operadores de comparación** son: **>** mayor, **<** menor, **>=** mayor o igual, **<=** menor o igual, **<>** distinto.

2.5   Consultas de parámetros

Otro tipo muy útil de consulta es aquél que nos pide los criterios al ser ejecutada, con lo cual, el resultado dependerá de lo que el usuario introduzca como criterios. Son las llamadas **consultas de parámetros**.

La forma de crearlas es igual que las consultas de selección, pero en la fila de criterios introduciremos ciertas palabras que permitirán la entrada dinámica de los mismos.

Veremos dos ejemplos que nos muestren:

1   Los/as socios/as según su **población**, introduciendo la población.

2   Los/as socios/as según su **fecha de nacimiento** introduciendo un intervalo de fechas.

PRÁCTICA

Consulta de parámetros 1

A   Para consultar los socios según su población, deberemos crear una **consulta de parámetros** desde **Crear > Consultas > Diseño de consulta**. La guardaremos con el nombre que nos parezca mejor.

B   Como queremos incluir **todos los campos**, elegiremos **SOCIOS.*** como primer campo. Así evitaremos tener que incluir los campos individualmente.

C   Al ejecutarla deberá pedirnos la población del socio. Para ello, **añadiremos** el campo **Población**, sin mostrarlo, y en sus **criterios** escribiremos **Como [Introduzca la población]**.

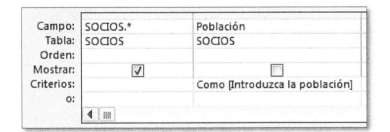 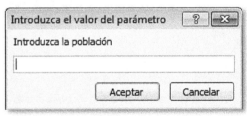

El **texto entre corchetes** aparecerá en el cuadro de diálogo al **ejecutar** la consulta y <u>no deberá coincidir con el nombre del campo</u>. Este texto no es estrictamente necesario, pero servirá de ayuda al usuario de la base de datos.

La palabra **Como** antes de los corchetes tampoco es necesaria, pero permitirá el uso de los **comodines**: ***** (varios caracteres) y **?** (un carácter).

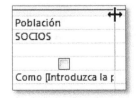

Así, al escribir **Ben*** mostrará los socios de Benicàssim, Benicarló, etc.; al escribir **solo el asterisco**, mostrará todos los registros; al escribir **?ucaina**, mostrará Sucaina y Zucaina.

La anchura de las columnas se cambia arrastrando la **intersección de los encabezados**.

Consulta de parámetros 2

D Para consultar los socios según su **fecha de nacimiento**, deberemos crear una nueva **consulta de parámetros**. Como en el ejemplo anterior, incluiremos todos los campos de la tabla SOCIOS.

E Al ejecutarla deberá pedirnos un intervalo de fechas de nacimiento de socios. Para ello, agregaremos el **campo FeNacim** y escribiremos estos criterios:

Entre [Escriba fecha inicial] Y [Escriba fecha final]

Las palabras **Entre** e **Y** delante de los dos **textos entre corchetes** harán que aparezcan **dos cuadros de diálogo** para escribir el intervalo de fechas.

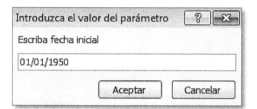 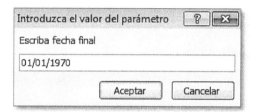

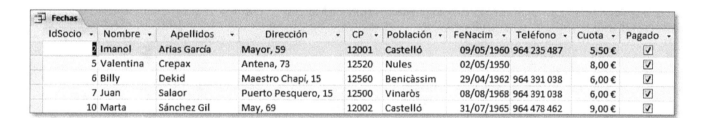

IdSocio	Nombre	Apellidos	Dirección	CP	Población	FeNacim	Teléfono	Cuota	Pagado
2	Imanol	Arias García	Mayor, 59	12001	Castelló	09/05/1960	964 235 487	5,50 €	✓
5	Valentina	Crepax	Antena, 73	12520	Nules	02/05/1950		8,00 €	✓
6	Billy	Dekid	Maestro Chapí, 15	12560	Benicàssim	29/04/1962	964 391 038	6,00 €	✓
7	Juan	Salaor	Puerto Pesquero, 15	12500	Vinaròs	08/08/1968	964 391 038	6,00 €	✓
10	Marta	Sánchez Gil	May, 69	12002	Castelló	31/07/1965	964 478 462	9,00 €	✓

Si queremos obtener los registros **ordenados**, incluiremos el campo por el cual queremos la ordenación.

Como se muestran todos los campos de la tabla, el campo de ordenación lo ocultaremos para que no aparezca duplicado.

2.6   Consultas con totales · Duplicar consulta

Una posibilidad muy interesante es realizar cálculos en las consultas a partir de los datos contenidos en los campos de las tablas.

En concreto, aprenderemos en este tema a crear **consultas con totales**, que nos permiten obtener datos estadísticos y sumar campos numéricos, entre otras funciones, de forma sencilla.

Mediante dos ejemplos averiguaremos:

1   Cuál es la cuota **menor**, la **mayor** y la **media**.

2   A cuánto asciende el **total** de las cuotas de los socios/as de **Castelló** que han **pagado**.

Para el segundo ejemplo, **duplicaremos la consulta** creada anteriormente y la modificaremos para añadir los totales.

PRÁCTICA

Consulta con totales 1

A   Cree una consulta de igual manera que las anteriores: **Crear > Consultas > Diseño de consulta**.

Como lo que queremos averiguar tiene que ver con las cuotas exclusivamente, añadiremos solamente este campo a la cuadrícula, pero **tres veces** para que cada columna muestre un cálculo.

Seguidamente, clicaremos en **Herramientas de consultas > Mostrar u ocultar > Totales**, lo cual añadirá la fila **Total**, donde elegiremos el cálculo deseado.

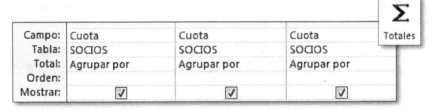

B   Ahora, desplegaremos la lista **Agrupar por** en la fila de los totales para elegir **Min**, **Max** y **Promedio**, respetivamente.

Campo:	Cuota	Cuota	Cuota
Tabla:	SOCIOS	SOCIOS	SOCIOS
Total:	Mín	Máx	Promedio

Al ejecutar la consulta deberían aparecer los datos:

Cuota mínima: 5,5

Cuota máxima: 15

Cuota media: 7,5

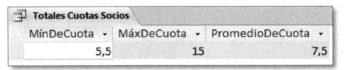

Totales Cuotas Socios		
MínDeCuota ▾	MáxDeCuota ▾	PromedioDeCuota ▾
5,5	15	7,5

C   Guarde la consulta con el nombre de **Totales Cuotas Socios**.

Consulta con totales 2

D Para averiguar cuál es el total de las cuotas pagadas por los socios/as de Castelló, aprovecharemos la consulta **Socios Castelló Pagado**.

La seleccionaremos en el **Panel de navegación**, la copiaremos **[Inicio > Portapapeles > Copiar** o **Ctrl+C]** y clicaremos en **Pegar** o pulsaremos **Ctrl+V**.

Le daremos el nombre de **Total Pagado Castelló**.

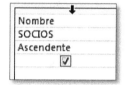

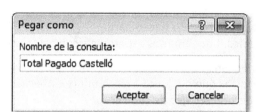

NOTA: **Copiar** y **pegar** funciona con todos los objetos en la misma base de datos o entre bases de datos distintas.

E La abriremos en **Vista Diseño** con el menú contextual de su nombre en el **Panel de navegación**.

Aquí eliminaremos los campos Nombre, Apellidos, Dirección, CP y Teléfono colocándonos en cada columna y clicando en **Herramientas de consultas > Configuración de consultas > Eliminar columnas** (o tecla **Supr**). También podemos seleccionar previamente varias columnas consecutivas arrastrando por sus encabezados y eliminarlas todas a la vez.

Mostraremos el campo Población, que habíamos ocultado anteriormente.

F Activaremos la fila de **totales** y agruparemos el campo **Cuota** por la función **Suma**.

Al ejecutar la consulta debería darnos el resultado de la suma: 20,5.

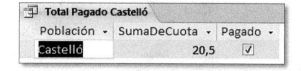

2.7   Informes: crear y modificar · Asistente para informes

Cuando sea necesario presentar o distribuir los datos de tablas o consultas deberemos recurrir a los **informes** para obtener un resultado idóneo en forma impresa o en PDF. Además de los datos, los informes pueden incluir cálculos.

Crear este tipo de objeto es bastante sencillo al utilizar el **Asistente para informes**. Sin embargo, al igual que sucedía con el formulario, será necesario ajustar su diseño una vez creado.

En **Crear > Informes** existen más opciones, pero **Informe** nos da uno demasiado simple y las otras opciones nos hacen partir de cero, por lo que no son aconsejables si no tenemos experiencia con estos objetos.

En la práctica de este tema, crearemos un informe basado en la tabla SOCIOS que nos muestre dos grupos de socios/as, los/as que han pagado y los/as que no, junto a sus nombres, apellidos y teléfono. Además, incluiremos los totales parciales, el total general y los porcentajes de cada grupo.

PRÁCTICA

A   Seleccionaremos la tabla en el **Panel de navegación**, clicaremos en **Crear > Informes > Asistente para informes** y seguiremos los pasos del asistente.

En el **paso 1**, nos aseguraremos de que figura la tabla SOCIOS en la casilla **Tablas/Consultas**, de lo contrario la elegiremos de su menú desplegable.

Incluiremos en el informe los **campos** Apellidos, Nombre, Teléfono, Cuota y Pagado, por ese orden, seleccionándolos en **Campos disponibles** y clicando en el **botón >**. Si nos equivocamos, los quitaremos a la inversa: clicando en **Campos seleccionados** y en el **botón <**.

Los botones **>>** y **<<**, incluyen o quitan todos los campos de la tabla/consulta.

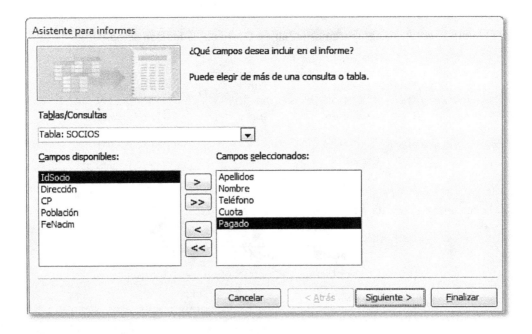

B En el **paso 2**, elegiremos el **campo** por el que queremos **agrupar** los registros con el botón **>**.

El informe mostrará tantos grupos como valores tenga el campo elegido. En nuestro caso, al elegir **Pagado**, son dos: **Sí** y **No**.

> **NOTA:** Si hubiera más de un nivel de agrupamiento podríamos establecer la **prioridad**, por ejemplo: países - provincias - ciudades. Y, si hubiera muchos registros, podríamos controlar el número a mostrar con las **Opciones de agrupamiento**.

C En el **paso 3**, estableceremos la **ordenación** y los **cálculos** que queremos realizar.

Desplegaremos la lista del primer criterio para ordenarlo por el campo **Apellidos** de forma **ascendente**.

A continuación, al clicar en **Opciones de resumen** indicaremos lo siguiente:

- Que **sume** el campo **Cuota**, lo cual nos dará el total parcial de cada grupo y el total general. Solo aparecerá este campo disponible para hacer los cálculos porque, de los campos que hemos incluido en el informe, es el único de tipo numérico.

- Que **muestre** el **detalle** (cada registro de la tabla) y el **resumen** (la cuenta de los registros).

- Que **calcule el porcentaje del total por sumas** para ver el tanto por ciento que corresponde a cada grupo.

Al **aceptar** las opciones de resumen, volveremos al paso 3, donde clicaremos en **Siguiente**.

> **NOTA:** Podemos clicar en el botón **Atrás** para modificar un paso anterior y en **Cancelar** para salir del asistente sin crear el informe. Si clicamos en **Finalizar** antes de configurar todos los pasos, el asistente creará el informe con las opciones predeterminadas.

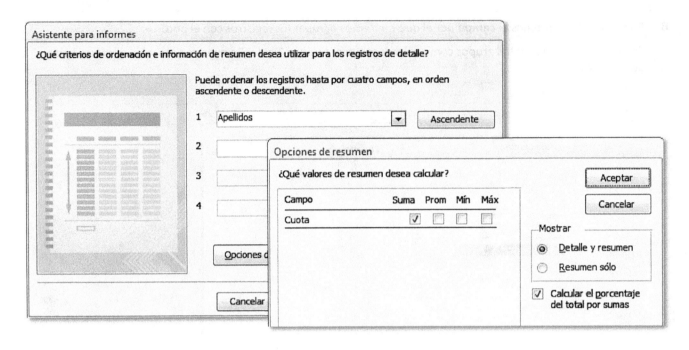

D En el **paso 4**, aceptaremos las opciones: distribución en **pasos** (en nuestro caso el resultado es similar en los tres tipos de distribución), orientación **vertical** y **ajustar el ancho de campo** para que quepan todos los campos en una página.

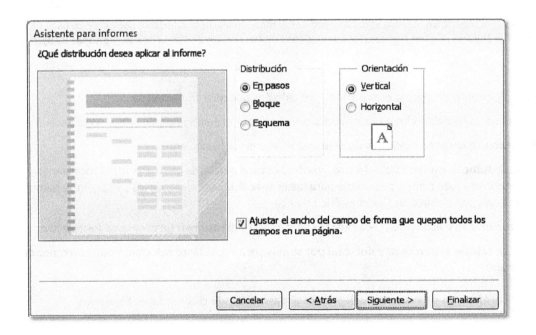

E En el último paso, le daremos el nombre de **Informe Cuotas** y finalizaremos con **Vista previa del informe**.

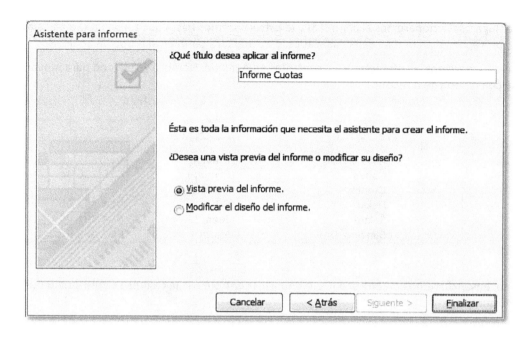

F En esta **Vista preliminar** nos daremos cuenta de que los controles para algunos campos, como Cuota, son demasiado cortos, mientras que otros, como Pagado, son demasiado largos. (Nota: la imagen de abajo muestra solo la parte superior del informe).

Informe Cuotas

Pagado		Apellidos	Nombre	Teléfono	Cuota
	Sí				
		Arias García	Imanol	964 235 48	##
		Cohen	Leonard	615 236 44	##
		Crepax	Valentina		##

G Desde la **Vista Presentación [Inicio > Vistas > Ver] moveremos** y **modificaremos** la anchura de los controles que lo requieran, tal como hicimos en el formulario de los socios. Recordemos cómo:

ACCIÓN	PROCEDIMIENTO
Seleccionar un control o etiqueta	**clic**
Seleccionar o quitar selección de varios	**Ctrl+clic** o **Mayús+clic**
Mover control y etiqueta	seleccionar ambos y **arrastrar** o **teclas de dirección**
Mover control o etiqueta	**arrastrar** o **teclas de dirección**
Cambiar tamaño	arrastrar **borde** o **Mayús+teclas dirección**
Deshacer acción	Botón **Deshacer** o **Ctr+Z**

En primer lugar, seleccionaremos el control **Sí** y lo **estrecharemos** hasta que tenga un tamaño similar a su etiqueta, que aparece en la zona de encabezados. Esto afectará también al grupo de abajo, **No**.

Luego, seleccionaremos las **etiquetas** y los **controles** de Apellido, Nombre y Teléfono para **moverlas** hacia la izquierda con la tecla de dirección.

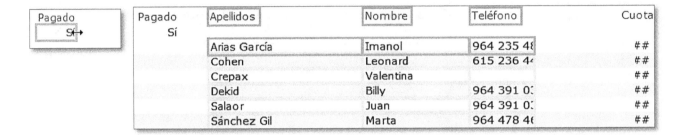

Por último, **ensancharemos** el control de Teléfono y los controles de la columna Cuota y para que muestren el contenido completo.

Teléfono	Cuota
964 235 487	5,50 €
615 236 444	6,00 €
	8,00 €
964 391 038	6,00 €
964 391 038	6,00 €
964 478 462	9,00 €
	40,50 €
	60,00%

H En la ficha **Diseño > Temas** podemos cambiar el aspecto global del informe. Y en **Herramientas de presentación de informe > Formato** existen opciones para cambiar el formato de los controles.

Pongamos el **título** en negrita, desde el grupo **Fuente**, seleccionando el control previamente.

I El resultado final de los pasos anteriores, en **Vista preliminar**, debería ser similar al siguiente:

Informe Cuotas

Pagado	Apellidos	Nombre	Teléfono	Cuota
Sí				
	Arias García	Imanol	964 235 487	5,50 €
	Cohen	Leonard	615 236 444	6,00 €
	Crepax	Valentina		8,00 €
	Dekid	Billy	964 391 038	6,00 €
	Salaor	Juan	964 391 038	6,00 €
	Sánchez Gil	Marta	964 478 462	9,00 €

Resumir por 'Pagado' = -1 (6 registros de detalle)

Suma				40,50 €
Estándar				60,00%
No				
	Cava Gutiérrez	Julia	964 235 432	6,00 €
	De La O'	María	964 221 313	6,00 €
	Prisa	Marisa	964 478 462	15,00 €

Resumir por 'Pagado' = 0 (3 registros de detalle)

Suma				27,00 €
Estándar				40,00%
Suma total				67,50 €

2.8   Informe basado en consulta · Exportar como PDF

Como hemos visto, los informes se pueden basar en tablas o en consultas. A fin de revisar el proceso de creación y modificación de informes, haremos una práctica con un nuevo **informe basado** en una **consulta**.

También **exportaremos** el informe finalizado como **PDF**, el formato de intercambio e impresión de archivos estándar.

PRÁCTICA

A   Crearemos un informe con el **asistente para informes** basado en la **Consulta Impagados**.

Le denominaremos **Informe Impagados** y tendrá las siguientes características:

- Campos: Apellidos, Nombre, Teléfono, Cuota y Pagado.

- **Agrupado** por Pagado.

- **Ordenado** por Apellido.

- En las opciones de resumen, **suma** de Cuota y mostrar **detalle** y **resumen**.

- Controles ajustados para que muestren correctamente el contenido del campo.

Informe Impagados

Pagado	Apellidos	Nombre	Teléfono	Cuota
No				
	Cava Gutiérrez	Julia	964 235 432	6,00 €
	De La O'	María	964 221 313	6,00 €
	Prisa	Marisa	964 478 462	15,00 €

Resumir por 'Pagado' = 0 (3 registros de detalle)

Suma	27,00 €
Suma total	27,00 €

B   Luego, **exportaremos** el informe como PDF **[Datos externos > Exportar > PDF o XPS]** con el nombre que queramos.

Nombre de archivo:	Consulta Impagados.pdf
Tipo:	PDF (*.pdf)

PDF
o XPS

2.9 Informe de etiquetas

Un tipo especial de informe es el que nos permite crear **etiquetas** estándar o personalizadas con los datos de tablas o consultas para poderlas imprimir en nuestro papel de etiquetas. El proceso para crearlas sigue un asistente con el que configurará el tamaño, la fuente, los campos y la ordenación de las etiquetas.

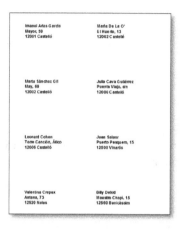

Práctica

A   Cree un informe de etiquetas basado en la tabla SOCIOS: seleccione la tabla en el **Panel de navegación**, acceda a **Crear > Informes > Etiquetas** y siga los pasos del **Asistente para etiquetas**.

Para este ejemplo, en el **paso 1,** elija la etiqueta marca **Avery**, modelo **C2166**.

Si las etiquetas de las que disponemos no figuraran en **Filtro por fabricante** deberíamos clicar en **Personalizar** para establecer las medidas.

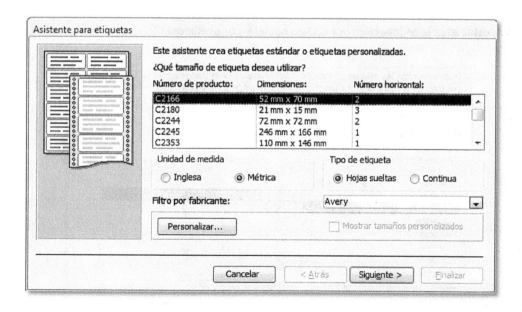

B   En el **paso 2**, cambie el tamaño de la fuente a **12** y el espesor a **Semi-negrita**.

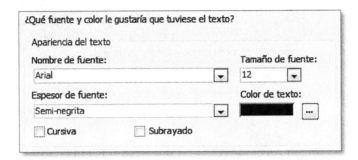

C   En el **paso 3**, elija los campos a incluir en la etiqueta. En el recuadro **Etiqueta prototipo** pulse la **barra espaciadora** para separar los campos y **Entrar** para bajar de línea.

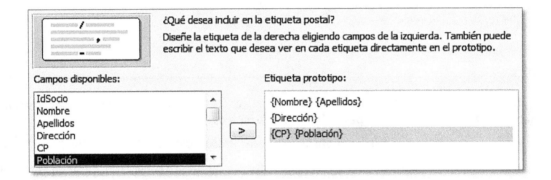

D   En **el paso 4**, establezca la **ordenación**, por código postal y por apellidos.

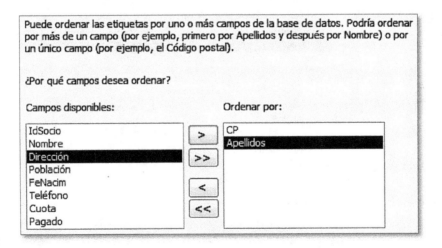

E   En el **último paso**, daremos el nombre de **Etiquetas SOCIOS** al informe.

¿Qué nombre desea dar al informe?

Etiquetas SOCIOS

Esa es toda la información que el asistente necesita para crear las etiquetas.

¿Qué desea hacer?

◉ Ver las etiquetas tal y como se imprimirán.

◯ Modificar el diseño de la etiqueta.

2.10 Ocultar elementos de la ventana de Access · Personalizar Barra de acceso rápido

Si **ocultamos** el **Panel de navegación** y/o la **cinta de opciones** tendremos más espacio en la pantalla, lo cual será de utilidad al trabajar con objetos extensos, ya que no necesitaremos recurrir tanto a las barras de desplazamiento.

Por otra parte, a medida que creamos objetos, el **Panel de navegación** se va llenando y puede ser de utilidad **ocultar** alguna **lista de objetos** para centrarnos en otra(s).

La **barra de acceso rápido** forma parte de la barra de título de la ventana de *Access* (a la izquierda) y puede personalizarse añadiendo botones para acceder más rápidamente a aquellas las acciones de realizamos con más frecuencia.

PRÁCTICA

A   **Oculte** el **Panel de navegación** clicando en el botón con la **doble flecha <<**.

Para mostrarlo, clique en la **doble flecha >>**.

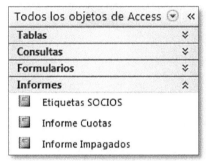

B   Dentro del panel, pruebe a **ocultar/mostrar** las distintas **listas de objetos** clicando en sus encabezados (Tablas, Consultas, Formularios, Informes).

C   **Minimice** la cinta de opciones con el **botón ^** (en la parte superior derecha de la ventana de *Access*) o haciendo **doble clic en una pestaña**. También funciona la combinación **Ctrl+F1**.

Luego, muéstrela de nuevo (o manténgala oculta si lo desea).

D   Añada el botón de **Vista preliminar** a la **barra de acceso rápido** desplegando su menú. Para quitar botones acuda al mismo menú.

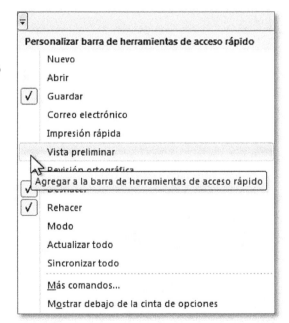

Personalice esta barra según sus intereses.

Con la opción **Más comandos** del menú de la **Barra acceso rápido** accedemos a todos los botones posibles. También aquí, podremos quitar todas las personalizaciones y dejar la barra como venía de fábrica con el botón **Restablecer**.

▶ MÓDULO 3

●

TEMAS

3.1   Tablas: limitar datos con una lista de valores interna

Cuando desarrollamos bases de datos para otros, suelen surgir contratiempos porque la persona que nos encomendó en el trabajo no había previsto las necesidades concretas en la etapa previa de diseño.

En nuestro supuesto, la presidenta del club de billar ha detectado errores en la cantidad asignada a las cuotas. Además, necesita que los tipos de cuota, con su importe y características se guarden en una tabla para poderlos gestionar independientemente y poder actualizarlos fácilmente.

Las cuotas deben ser de **tres tipos**:

- o **Básica**: **60 €**, incluye acceso a las instalaciones, uso de las mesas de billar los fines de semana y acceso al bar del club.

- o **Plus**: **90 €**, incluye acceso a las instalaciones, uso de las mesas de billar los todos los días de la semana, acceso al bar y al restaurante del club.

- o **Premium**: **150 €**, incluye acceso a las instalaciones, uso preferente de las mesas de billar todos los días de la semana, depósito y cuidado de material propio, acceso al bar, al restaurante del club, a la sauna, al jacuzzi y a la sala de masajes.

Además, para curarnos en salud, **limitaremos los datos** a introducir a una **lista de valores interna** que contenga la denominación de cada cuota y los importes correspondientes.

PRÁCTICA

A   En primer lugar, deberemos crear una tabla específica, CUOTAS **[Crear > Tablas > Diseño de tabla]** con los siguientes campos:

Nombre	Tipo de datos	Tamaño	Formato	Indexado
IdCuota	Autonumeración			Sí (sin duplicados)
Tipo	Texto	10		Sí (sin duplicados)
Importe	Número	Simple	Euro	Sí (sin duplicados)
Características	Memo			

> **NOTA:** Al elegir **Sí (sin duplicados)** en la propiedad **Indexado** de los campos conseguimos evitar la duplicación de valores en dichos campos. Otra característica de la indexación, como ya hemos comentado, es que acelera las búsquedas y ordenamientos de la tabla, aunque también hace más lenta su actualización si hay muchos registros.

B   Ahora, estableceremos el campo **IdCuota** como **clave principal** de la tabla desde **Herramientas de tabla > Diseño > Herramientas > Clave principal**.

Clave principal

C   En esta tabla limitaremos la **búsqueda** del **campo Tipo** a esos tres valores en una lista desplegable.

Para ello modificaremos la ficha **Búsqueda** como sigue:

- En **Mostrar control** elegiremos **Cuadro combinado**.

- En **Tipo de origen de la fila** estableceremos **Lista de valores**.

- En **Origen de la fila** consignaremos los valores, separados por punto y coma: **Básica;Plus;Premium**.

- En **Limitar a la lista** elegiremos **Sí** para evitar que se escriban otros valores diferentes de los anteriores.

- En **Permitir ediciones de lista de valores** elegiremos **Sí** para poder modificarlos posteriormente sin entrar en el diseño de la tabla.

Tipo	Texto
	Prop

General	Búsqueda	
Mostrar control		Cuadro combinado
Tipo de origen de la fila		Lista de valores
Origen de la fila		Básica;Plus;Premium
Columna dependiente		1
Número de columnas		1
Encabezados de columna		No
Ancho de columnas		
Filas en lista		16
Ancho de la lista		Auto
Limitar a la lista		Sí
Permitir varios valores		No
Permitir ediciones de lista d		Sí

D Asimismo, estableceremos los tres importes en la **ficha Búsqueda** de las propiedades del campo **Importe** para que aparezcan en una **lista desplegable**.

Tendrán las mismas características que en el campo anterior, excepto **Origen de la fila** que será **60;90;150**.

Importe	Número

General	Búsqueda	
Mostrar control		Cuadro combinado
Tipo de origen de la fila		Lista de valores
Origen de la fila		60;90;150
Columna dependiente		1
Número de columnas		1
Encabezados de columna		No
Ancho de columnas		
Filas en lista		16
Ancho de la lista		Auto
Limitar a la lista		Sí
Permitir varios valores		No
Permitir ediciones de lista de valores		Sí

E Una vez configurados los campos, guardaremos el diseño de la tabla y en la **Vista Hoja de datos**, introduciremos los datos de los campos **Importe** y **Tipo** mediante la lista desplegable y escribiremos en el campo **Características** las indicadas arriba.

Al acabar, cerraremos la tabla.

IdCuota ▾	Tipo ▾	Importe ▾	Características ▾
1	Básica	60,00 €	Acceso a las instalaciones, uso de las mesas de billar los fines de semana y acceso al bar del club
2	Plus	90,00 €	Acceso a las instalaciones, uso de las mesas de billar los todos los días de la semana, acceso al bar y al restaurante del club
3	Premium	150,00 €	Acceso a las instalaciones, uso preferente de las mesas de billar todos los días de la semana, depósito y cuidado de material propio, acceso al bar, al restaurante del club, a la sauna, al jacuzzi y a la sala de masajes

3.2 Tablas: limitar datos con una lista de valores externa

En el tema anterior hemos limitado los datos de dos campos mediante una lista interna, pero la lista puede provenir de otra tabla o consulta.

Como hay que cambiar las cuotas erróneas de los socios/as, sería conveniente obtener una lista desplegable en el campo **Cuota** de la tabla SOCIOS, que buscara los datos en el campo **Importe** de la tabla CUOTAS, es decir, una **lista de valores externa**. De esta manera minimizaremos los posibles errores y facilitaremos la labor al usuario o usuaria de la base de datos.

Práctica

A En la **tabla SOCIOS** hemos de establecer las propiedades de búsqueda en el **campo Cuota**. Para ello rellenaremos la ficha **Búsqueda** como sigue:

- En **Mostrar control** elegiremos **Cuadro combinado**.

- En **Tipo de origen de la fila** estableceremos **Tabla/Consulta**.

- En **Limitar a la lista** elegiremos **Sí** para evitar que se escriban otros valores diferentes de los anteriores.

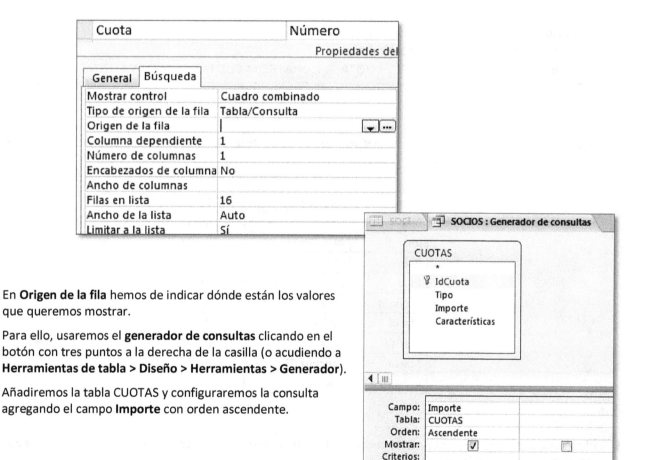

B En **Origen de la fila** hemos de indicar dónde están los valores que queremos mostrar.

Para ello, usaremos el **generador de consultas** clicando en el botón con tres puntos a la derecha de la casilla (o acudiendo a **Herramientas de tabla > Diseño > Herramientas > Generador**).

Añadiremos la tabla CUOTAS y configuraremos la consulta agregando el campo **Importe** con orden ascendente.

C   **Cerraremos** la ventana del generador de consultas y **guardaremos los cambios** realizados en la instrucción SQL cuando nos pregunten.

NOTA: Las consultas en *Access* las creamos de forma gráfica, pero internamente se genera una instrucción en el **lenguaje SQL** (*Structured Query Language* o Lenguaje de Consulta Estructurado). Este lenguaje es un estándar en la mayoría de sistemas de gestión de bases de datos relacionales comerciales. Para ver el código subyacente a las consultas que hemos creado, accederemos a **Inicio > Vistas > Vista SQL**.

La instrucción SQL aparecerá en la casilla **Origen de la fila**.

Mostrar control	Cuadro combinado
Tipo de origen de la fila	Tabla/Consulta
Origen de la fila	SELECT CUOTAS.Importe FROM CUOTAS ORDER BY CUOTAS.Importe;

D   **Guardaremos** el diseño de la tabla y en la **Vista Hoja de datos** de la tabla SOCIOS, **cambiaremos la cuota** de cada socio con la **lista** del campo **Cuota**:

Nombre	Apellidos	Cuota
Billy	Dekid	60,00 €
Imanol	Arias García	60,00 €
Juan	Salaor	60,00 €
Julia	Cava Gutiérrez	150,00 €
Leonard	Cohen	90,00 €
María	De La O'	60,00 €
Marisa	Prisa	150,00 €
Marta	Sánchez Gil	90,00 €
Valentina	Crepax	90,00 €

E   Al cambiar el contenido del campo, las consultas e informes creados anteriormente mostrarán los nuevos datos. Puede comprobarlo, si lo desea.

3.3 Base de datos: relaciones entre tablas (uno a varios) · Actualizar campos en cascada

Las tablas que creamos en una base de datos son temáticas, lo cual facilita su gestión. El problema surge cuando necesitamos reunir información que se encuentra en dos o más tablas. La solución será crear **relaciones** entre ellas, conectarlas para poder elegir los datos que nos interesen.

Relaciones

Para ello, necesitamos que ambas tablas tengan un campo en común, un campo cuyo **tipo** y **contenido** sea el **mismo** en las dos. Ese contenido común será lo que nos permitirá "enganchar" los dos campos y relacionar las tablas en la ventana de relaciones **[Herramientas de base de datos > Relaciones > Relaciones]**.

Las relaciones permiten, además de agrupar información dispersa en varias tablas, crear consultas, formularios e informes más complejos, actualizar datos y borrar registros.

Ahondaremos sobre las relaciones entre tablas en este tema a medida que aprendemos a crearlas y a configurarlas con este supuesto práctico:

Se nos requiere modificar la base de datos para conseguir que **cambien automáticamente las cuotas** de los socios cuando cambiemos un importe de la tabla CUOTAS.

PRÁCTICA

A Desde **Herramientas de base de datos > Relaciones > Relaciones** accedemos a la ventana de relaciones.

En **Herramientas de relaciones** clicaremos en **Mostrar tabla** para agregar CUOTAS y SOCIOS.

Con las tablas agregadas, cambiaremos sus dimensiones arrastrando el borde de sus ventanas, si fuera necesario, para poder ver todos los campos.

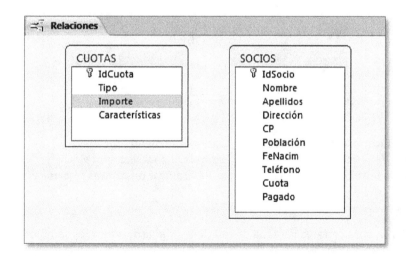

B **Arrastraremos** el campo **Importe** de la tabla CUOTAS **encima** del campo **Cuota** de la tabla SOCIOS.

C   Aparecerá el cuadro de diálogo **Modificar relaciones** y en su parte inferior veremos la relación que se establecerá: **Uno a varios**.

Este es el tipo de relación más común en las bases de datos, por ejemplo, un mismo cliente con varios pedidos, un proveedor que proporciona varios productos, un artista que ha creado varias obras y, en nuestro caso, un mismo importe que corresponde a varias cuotas de los socios/as.

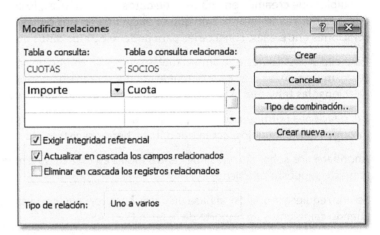

Seleccionaremos, además, **Exigir integridad referencial** para evitar que se introduzcan datos en el campo de la **tabla secundaria** (SOCIOS) que no existan en el campo de la **tabla principal** (CUOTAS) y para poder actualizar el contenido del campo **Cuota**.

Para conseguir esto último hemos de seleccionar **Actualizar en cascada los campos relacionados.**

Al clicar en **Crear** obtendremos la relación como una línea que une ambos campos. El número **1** aparece en la tabla principal, mientras que el símbolo de infinito ∞ aparece en la relacionada. Esto nos indica que un registro de la tabla principal tendrá varios registros relacionados en la tabla secundaria.

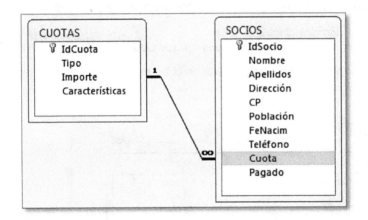

Si precisamos **modificar** o **eliminar** una relación usaremos el **menú contextual** encima de la línea, o bien, seleccionaremos la línea y clicaremos en **Herramientas de base de datos > Herramientas > Modificar relaciones / Borrar diseño**.

D   Pulsaremos en **Cerrar** para cerrar la ventana de relaciones y **guardaremos** los cambios de diseño.

E   Al abrir la tabla CUOTAS veremos que aparece el signo más **+** al inicio de los registros. Si clicamos en él se desplegarán los registros de la tabla SOCIOS a los que corresponde ese tipo de cuota.

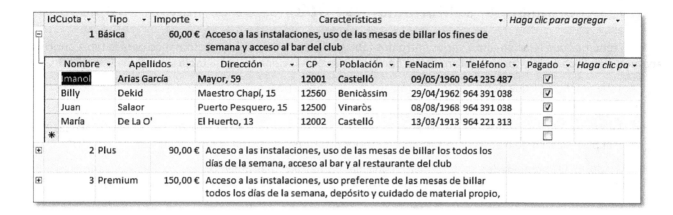

IdCuota	Tipo	Importe	Características	Haga clic para agregar
1 Básica		60,00 €	Acceso a las instalaciones, uso de las mesas de billar los fines de semana y acceso al bar del club	

Nombre	Apellidos	Dirección	CP	Población	FeNacim	Teléfono	Pagado	Haga clic pa
manol	Arias García	Mayor, 59	12001	Castelló	09/05/1960	964 235 487	☑	
Billy	Dekid	Maestro Chapí, 15	12560	Benicàssim	29/04/1962	964 391 038	☑	
Juan	Salaor	Puerto Pesquero, 15	12500	Vinaròs	08/08/1968	964 391 038	☑	
María	De La O'	El Huerto, 13	12002	Castelló	13/03/1913	964 221 313	☐	
*							☐	

2 Plus		90,00 €	Acceso a las instalaciones, uso de las mesas de billar los todos los días de la semana, acceso al bar y al restaurante del club	
3 Premium		150,00 €	Acceso a las instalaciones, uso preferente de las mesas de billar todos los días de la semana, depósito y cuidado de material propio,	

F Comprobaremos el funcionamiento de la relación **cambiando algún importe** de la tabla CUOTAS para ver si se refleja ese cambio en los datos de cuota de la tabla SOCIOS.

Como, al diseñar la tabla CUOTAS, en la búsqueda del campo **Importe** hemos establecido **Permitir ediciones de lista de valores**, *Access* nos indicará tal circunstancia y nos pedirá si queremos modificar la lista, lo cual haremos en el cuadro de diálogo emergente.

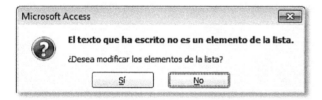

En la **Vista Hoja de datos** también podemos cambiar la lista con el **menú contextual del campo > Editar elementos de lista** y, por supuesto, accediendo al diseño de la tabla.

Finalmente, dejaremos los importes consignados en un principio: 60, 90 y 150.

3.4   Formularios: subformularios · Botones de comando · Propiedades

Cuando tenemos una relación uno a varios entre dos tablas, al crear un formulario automático para la tabla principal, aparecerá en la parte inferior un **subformulario** con los registros relacionados de la tabla secundaria.

Esto es muy práctico, ya que desde un solo formulario mostramos y podemos gestionar datos de dos tablas. Lo comprobaremos creando un formulario para la tabla CUOTAS.

Otros elementos útiles que podemos añadir a un formulario son los **botones de comando**, que realizan diversas acciones al pulsarlos, como ir al registro siguiente/anterior o abrir un objeto de la base de datos.

Por otro lado, en las **propiedades del formulario** controlamos hasta el más mínimo aspecto del formulario en sí y de cada uno de los controles. En la práctica siguiente veremos cómo ocultar partes de formulario que no necesitamos.

PRÁCTICA

A   Con la tabla CUOTAS seleccionada en el **Panel de navegación** accederemos a **Crear > Formularios > Formulario**.

Veremos que tenemos un **subformulario** en forma de tabla debajo de los controles de las cuotas. A medida que pasemos de un registro a otro, el subformulario mostrará los registros relacionados, es decir, los correspondientes a cada tipo de cuota.

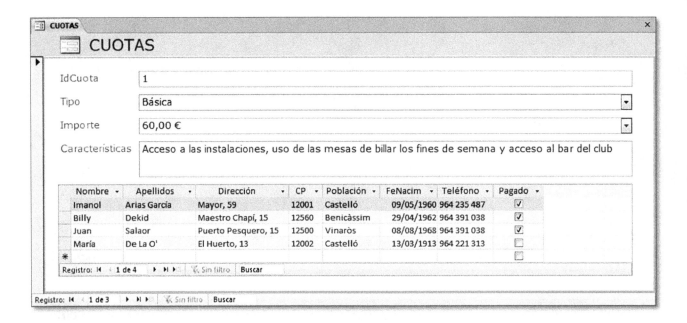

B   Lo guardaremos con el nombre de **Formulario Cuotas** y cambiaremos el título a **Datos de las Cuotas**

Distribuiremos y cambiaremos el tamaño de los controles de forma similar a la mostrada abajo, pero antes de poder hacerlo, como ya ocurrió con el formulario de los socios/as, deberemos desagrupar los controles. Para conseguirlo habrá que:

1   Pasar a la **Vista Diseño** y clicar en cualquier control de la **sección Detalle**.

2   Seleccionar todos los controles desde **Herramientas de diseño de formulario > Organizar > Filas y columnas > Seleccionar diseño**.

3   Desagruparlos desde **Herramientas de diseño de formulario > Organizar > Tabla > Quitar diseño**.

C   Desde la **Vista Diseño > Herramientas de diseño** insertaremos ahora unos **botones de comando** que realicen la acciones de ir al registro anterior, ir al registro siguiente y abrir el formulario de los socios/as.

Clicaremos en **Diseño > Controles >** control **Botón** y, a continuación, donde queramos colocar el botón, por ejemplo, a la derecha las características, donde hemos dejado un hueco.

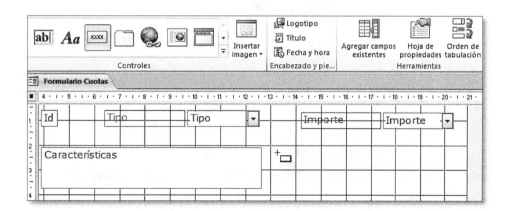

Seguiremos los pasos el asistente y elegiremos las siguientes opciones:

- Categorías: **Navegación de registros**; Acciones: **Ir al registro anterior**. (PASO 1)

- Imagen: **Ir al anterior**. (PASO 2)

- Nombre del botón: **RegAnterior**. (PASO 3)

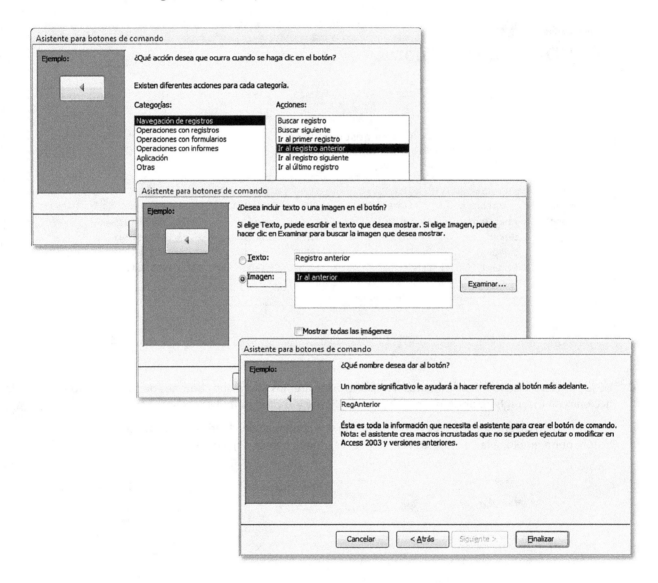

D   Repetiremos el proceso para insertar otro botón que nos lleve al **registro siguiente**, con las siguientes opciones:

- Categorías: **Navegación de registros**; Acciones: **Ir al registro siguiente**. (PASO 1)

- Imagen: **Ir al siguiente**. (PASO 2)

- Nombre: **RegSiguiente**. (PASO 3)

E Añadiremos un último botón que nos abra el **Formulario Socios**, con las siguientes opciones:

- Categorías: **Operaciones con formularios**; Acciones: **Abrir formulario.** (PASO 1)

- **Formulario Socios.** (PASO 2)

- **Abrir el formulario y mostrar todos los registros.** (PASO 3)

- Texto: **Abrir Socios.** (PASO 4)

- Nombre: **AbrirSocios.** (PASO 5)

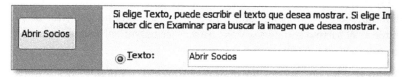

NOTA: En el texto para el botón se puede escribir el símbolo &, por ejemplo, **Abrir So&cios** para que pueda abrir el formulario pulsando **Alt+C**, la letra a continuación del símbolo &, la cual quedará subrayada: **Abrir So<u>c</u>ios.**

F Guardaremos el diseño y pasaremos a **Vista formulario** para comprobar el funcionamiento de los botones de comando creados.

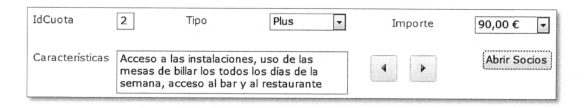

En cualquier momento podemos volver a la **Vista Diseño** o a la **Vista Presentación** y modificar la posición, el tamaño y la forma de los controles de botón. Además, en la ficha **Formato** contamos con muchas opciones para modificar el aspecto de los controles.

G Dado que contamos ahora con botones de desplazamiento y no nos interesa en este formulario el selector de registro, podemos ocultarlos accediendo a **Vista Presentación/Diseño** y en **Herramientas de diseño > Diseño > Herramientas**, activar la **Hoja de propiedades.**

Allí estableceremos el **Tipo de selección: Formulario** y en la ficha **Formato** cambiaremos a **No** el valor de las propiedades **Selectores de registro** y **Botones de navegación.**

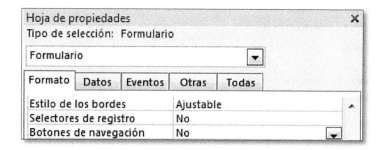

3.5   Formulario: eliminar, crear con el Asistente para formularios · Copiar botones de comando

Los cambios que hemos hecho en el campo Cuota de la tabla SOCIOS, que ahora muestra una lista desplegable, no se reflejan en el formulario de los socios/as porque lo creamos antes de llevar a cabo el cambio en la tabla. Podemos eliminar el control de este campo y volverlo a agregar en las vistas de presentación o de diseño, pero optaremos por **eliminar el formulario** en sí y volverlo a crear usando el **Asistente para formularios**. Así, conoceremos las posibilidades de este método.

Veremos, además, que los **botones de comando** se pueden **copiar entre formularios** una vez creados, simplemente con copiar y pegar. De esta forma, se evita realizar todo el proceso de nuevo.

PRÁCTICA

A   Para **eliminar** el **Formulario Socios** use el menú contextual sobre su nombre en el **Panel de navegación** o pulse la tecla **Supr**. El mensaje de confirmación informará de que no se puede recuperar el objeto una vez eliminado. Esto se aplica a cualquier objeto de la base de datos.

¿Desea eliminar formulario 'Formulario Socios' permanentemente?

Haga clic en Sí para eliminarlo permanentemente. No podrá deshacer los cambios.

B   Para crear un nuevo formulario acuda a **Crear > Formularios > Asistente para formularios** y siga los pasos.

En el **paso 1** incluya todos los campos con el botón **>>**. En el **paso 2** elija una **distribución en columnas**, y en el **paso 3** dele el título de **Formulario Socios**.

En la **Vista Presentación/Diseño**, cambie el título a **Datos de los Socios** y distribuya los controles de forma similar a la mostrada abajo. No será necesario quitar el diseño de los controles porque el asistente no los agrupa.

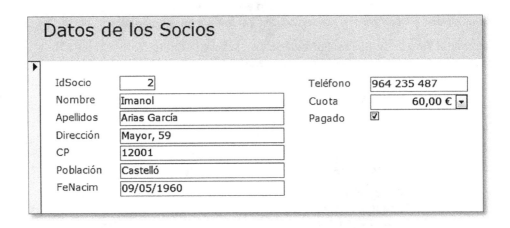

C En **Vista Diseño** inserte **dos botones de comando** de igual manera que hizo en el tema anterior. Un botón abrirá el formulario de cuotas y el otro cerrará el formulario de los socios/as.

El primero tendrá estas características:

▪ Categorías: **Operaciones con formularios**; Acciones: **Abrir formulario**. (PASO 1)

▪ **Formulario Cuotas.** (PASO 2)

▪ **Abrir el formulario y mostrar todos los registros.** (PASO 3)

▪ Texto: **Abrir Cuotas.** (PASO 4)

▪ Nombre: **AbrirCuotas.** (PASO 5)

El segundo tendrá estas características:

▪ Categorías: **Operaciones con formularios**; Acciones: **Cerrar formulario.** (PASO 1)

▪ Texto: **Cerrar.** (PASO 2)

▪ Nombre: **CerrarFormulario.** (PASO 3)

D Asimismo, desactive el selector de registro desde la **Hoja de propiedades** y pase a la **Vista formulario** para comprobar los botones.

E En la **Vista Diseño** seleccione el botón de **Cerrar** y con el menú contextual o **Ctrl+C**, cópielo.

Abra o pase a la **Vista Diseño** del **Formulario Cuotas** y con el menú contextual o **Ctrl+V**, péguelo.

F Por último, repita el proceso anterior, pero a la inversa, para copiar al formulario de los socios/as **los botones de navegación de registros** que insertó en el formulario de las cuotas. Seleccione ambos para copiarlos a la vez.

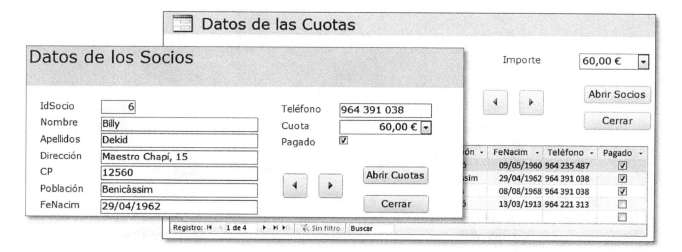

3.6   Imágenes en formularios y tablas · Agregar campos a formulario

Al crear un formulario de forma automática, en el encabezado, al lado del título aparece una imagen predeterminada. Tanto si aparece, como si no, lo importante es saber que podemos colocar **imágenes** propias, por ejemplo, el logotipo de la empresa.

También en las tablas es posible agregar un campo de tipo **Datos Adjuntos** que muestre la imagen de un producto, una obra de arte o de un/a socio/a. En este caso, la imagen no se verá directamente en la tabla, sino en el formulario basado en ella.

Nos han encargado que pongamos un logotipo en los dos formularios de la base de datos y la foto del socio/a en el formulario que gestiona sus datos. La primera tarea consistirá en insertar la imagen en el encabezado. Para realizar la segunda tarea deberemos **añadir un campo** a la tabla SOCIOS que almacene la imagen y **agregar** luego ese **campo al formulario**.

PRÁCTICA

A   Comencemos por el **Formulario Cuotas**. En la **Vista diseño**, clicaremos en **Herramientas de diseño de formulario > Diseño > Encabezado y pie de página > Logotipo**.

Buscaremos en la carpeta **Archivos Access 2010 > Imágenes Club de Billar** la imagen **Logo Club Billar.jpg**, la seleccionaremos y clicaremos en **Aceptar** (si aún no ha descargado los archivos complementarios de la página web del libro, **rafaroca.net/libros/access2010**, hágalo ahora).

B   La imagen no se mostrará correctamente, así que deberemos ajustarla.

Primero, accederemos a la **Hoja de Propiedades > Formato** para cambiar la propiedad **Modo de cambiar el tamaño** a **Zoom**.

Luego arrastraremos hacia abajo la **parte inferior** de la zona del **encabezado** para darle más espacio.

Hoja de propiedades

Tipo de selección: Imagen

Logotipo_automático0

Formato	Datos	Eventos	Otras	Todas

Visible	Sí
Tipo de imagen	Insertado
Imagen	Logo Club Billar.jpg
Mosaico de imágenes	No
Modo de cambiar el tamaño	Zoom

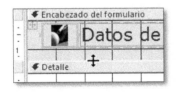

Por último, **agrandaremos** la imagen arrastrando sus bordes/esquinas (o **Mayús+teclas dirección**) y la **moveremos** (**teclas dirección** o **Ctrl+teclas dirección**) hasta que quede aproximadamente como la siguiente.

El control del título cambiará a medida que lo haga la imagen, pero no importa, ya que mantiene la distribución inicial. Si queremos modificarlos por separado, habrá que desagruparlos con la opción de **Herramientas de diseño de formulario > Organizar > Tabla > Quitar Diseño**.

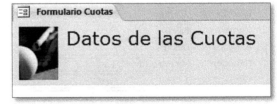

C   Cambiaremos ahora el **Formulario Socios**. Como este formulario, creado con el asistente, no tiene una imagen de logotipo, actuaremos de forma distinta para insertarla.

En la **Vista diseño** moveremos el título del encabezado a la derecha para dejar sitio a la imagen, clicaremos fuera del título y accederemos a **Herramientas de diseño de formulario > Diseño > Controles > Insertar imagen > Examinar**.

Elegiremos la misma imagen que para el formulario de las cuotas, **Logo Club Billar.jpg** y **arrastraremos** para dar un tamaño a la imagen de, aproximadamente, la altura del encabezado.

Por último, ajustaremos el tamaño la posición de la imagen y del título, así como la zona del encabezado para que quede, más o menos, como lo mostrado.

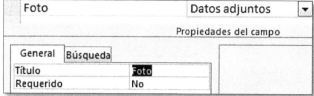

D   Para poner una foto de los socios que se vea en el formulario necesitamos insertar un nuevo campo del tipo **Datos adjuntos** en la tabla SOCIOS con el nombre de **Foto**.

En las **Propiedades de campo** le daremos el **Título** de **Foto**, igual que el **nombre** de campo.

E   Pasaremos a **Vista hoja de datos** y clicaremos con el **botón derecho** sobre el campo del primer registro para acceder a **Administrar Datos adjuntos > Agregar**.

Buscaremos la imagen del socio/a, en este caso, **Imanol.jpg** en **Archivos Access 2010 > Imágenes Club de Billar**, la seleccionaremos y la abriremos.

Aparecerá el nombre de la imagen en el cuadro de diálogo de Datos adjuntos, clicaremos en **Aceptar** y la tabla mostrará que ese registro tiene 1 dato adjunto.

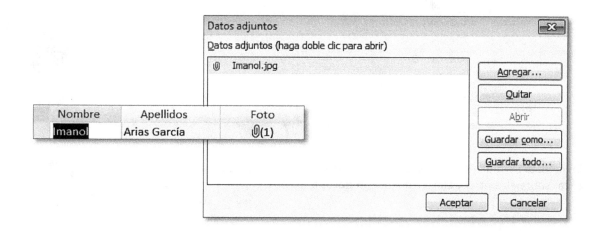

F   Repetiremos el proceso para el resto de socios/as que tienen foto: **Julia**, **Leonard**, **Valentina**, **Billy**, **María** y **Marisa**.

G La imagen <u>no se mostrará en la tabla</u>, sino en el formulario. Como este campo es nuevo tendremos que añadirlo al formulario: en la **Vista Diseño**, en la ficha **Diseño > Herramientas**, clicaremos en **Agregar campos existentes**.

Estrecharemos el panel con la lista de campos para ver todo el formulario y arrastraremos el campo **Foto** a la parte derecha.

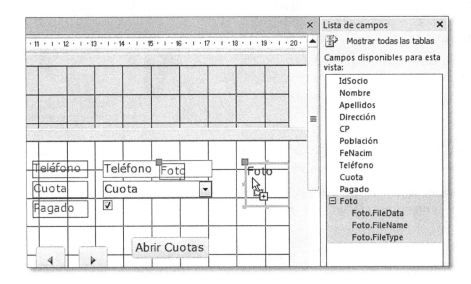

H **Borraremos** la **etiqueta** del control (seleccionar y tecla **Supr**) y cambiaremos a la **Vista Presentación**, que será la más práctica para ajustar el tamaño y lograr que se muestre bien la imagen.

En la **Vista Formulario** también se puede añadir o eliminar imágenes al clicar sobre el control y elegir **Administrar datos adjuntos**.

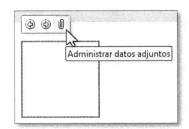

▌3.7   Consultas: campos nulos y calculados, consultas con varias tablas

Ya hemos visto cómo las consultas nos proporcionan información relevante a partir de los datos de las tablas. No obstante, necesitamos conocer más posibilidades del diseño de consultas.

En este tema trataremos la detección de campos sin contenido, es decir, **campos nulos**, cómo hacer **cálculos** y cómo incluir **campos de varias tablas** en una sola consulta.

Lo llevaremos a la práctica con este supuesto:

El administrativo del club quiere saber qué socios **no tienen** el **teléfono** o la **foto** en sus registros sin tener que consultarlos uno a uno.

Al contable del club le interesa saber el **importe** que corresponde al **21% de IVA** que ya está incluido en la cuota y el **importe neto**, sin el IVA.

También quiere saber **cuántos socios** han suscrito cada **tipo de cuota** y el **total de cada tipo**.

PRÁCTICA

A   Comenzaremos por crear sendas consultas que nos den los registros con el teléfono y foto vacíos. Crearemos una **consulta de selección** con la tabla SOCIOS donde figuren el nombre, los apellidos y el teléfono **[Crear > Consultas > Diseño de consulta]**.

B   En la cuadrícula de la **Vista diseño** de la consulta escribiremos la expresión **Es Nulo** en los criterios del campo **Teléfono**.

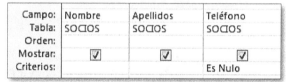

Al ejecutar la consulta debería aparecer el registro de Valentina. Guardaremos la consulta como **Socios sin teléfono**.

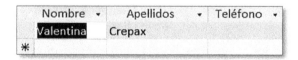

Repetiremos los pasos anteriores para averiguar los socios sin foto, en este caso, incluiremos el campo **Foto** en lugar del teléfono. Guardaremos la consulta como **Socios sin foto**.

Los registros serán el de Juan y el de Marta:

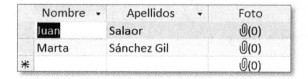

C Para averiguar la cantidad que corresponde al IVA crearemos una **consulta de selección** con la tabla CUOTAS e incluiremos los campos **Tipo** e **Importe**.

En la **Vista diseño** activaremos la fila de totales desde **Herramientas de consulta > Diseño > Mostrar u ocultar**.

A continuación, estableceremos **dos campos calculados** escribiendo en la fila **Campo**:

Importe IVA: [Importe]*21/121 e **Importe NETO: [Importe]-[Importe IVA]**, respectivamente.

El primer campo calculado nos dará la cantidad que corresponde a un IVA del 21% en cada tipo de cuota y el segundo, el importe neto, una vez calculado el dato anterior.

En la fila **Total** de los dos campos elegiremos **Expresión**.

Una vez comprobada la validez de la consulta, la guardaremos como **Consulta IVA**.

D La consulta para resolver la tercera cuestión planteada deberá incluir la tabla SOCIOS y la tabla CUOTAS. Estas tablas quedaron relacionadas en ejercicios anteriores, paso necesario para realizar una consulta con varias tablas.

Activaremos los totales. Elegiremos el campo **Tipo** de la tabla CUOTAS para agrupar los registros y el campo **Cuota** de la tabla SOCIOS dos veces, una para contar los tipos y la otra para calcular sus totales.

Es decir, agruparemos los registros por **Tipo**, la función **Cuenta** nos dará la cantidad de socios suscritos a cada tipo de cuota y la función **Suma**, nos dará los totales de cada tipo.

En la fila **Campo**, escribiremos **Socios suscritos: [Cuota]** y **Total tipo cuota: [Cuota]** para que aparezca el texto antes de los puntos como nombre de los campos calculados

La guardaremos con el nombre de **Consulta Estadísticas**.

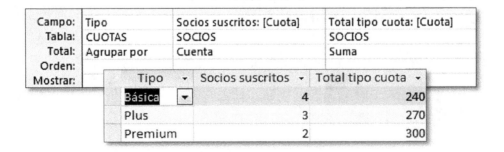

3.8   Base de datos: relaciones con clave externa, relación uno a uno · Copiar tabla externa

Ya relacionamos las dos tablas de nuestra base de datos con un tipo de relación uno a varios. Ahora veremos otro tipo de relación, **uno a uno**. Pero no solo eso.

Para comprender mejor el concepto y el proceso de las relaciones entre tablas, en las relaciones anteriores utilizamos directamente los campos Importe y Cuota. Sin embargo, en un diseño "formal" de una base de datos se suele usar la **clave principal** de la tabla principal y se **añade un campo en la tabla relacionada**, del mismo tipo y con el mismo contenido, para establecer la relación (**clave externa**). A esta clave externa se le suele dar el mismo nombre de campo para identificarlo más fácilmente.

Así pues, tras haber añadido el campo IdCuota en la tabla SOCIOS y haber rellenado los correspondientes datos (1, 2 o 3) en cada registro, podríamos haber relacionado así las dos tablas, con el mismo resultado:

CUOTAS   SOCIOS

IdCuota (CLAVE PRINCIPAL) **1**-------------∞ **IdCuota** (CLAVE EXTERNA)

Esta manera de establecer relaciones será lo que practiquemos en este tema, aprovechando que el club necesita gestionar la junta directiva y los socios que la componen.

Como alguien creó una base de datos con una tabla donde figuran los cargos de la junta, **copiaremos** esa **tabla** a nuestra base de datos, la modificaremos y la relacionaremos con la tabla SOCIOS.

Práctica

A   Abra la base de datos **Junta del Club.accdb** que se encuentra en la carpeta **Archivos Access 2010** y copie la tabla JUNTA DIRECTIVA **[Inicio > Portapapeles > Copiar** o **menú contextual** o **Ctrl+C].**

B   Abra o pase a la ventana de la base de datos **Club de Billar.accdb** y pegue la tabla copiada **[Inicio > Portapapeles > pegar** o **menú contextual** o **Ctrl+V].**

En el mensaje emergente dele el nombre de JUNTA DIRECTIVA y elija pegar la **estructura** y los **datos**.

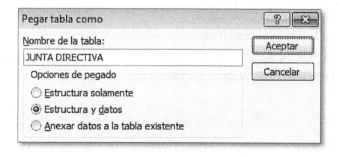

Nota: Alternativamente, se puede **arrastrar** una tabla (u otro objeto) de una base de datos a otra. Si lo hacemos así, quedará una copia de la tabla con el mismo nombre, que incluirá la estructura y los datos.

C   Si abre la tabla constatará que tiene dos campos, **IdJunta**, que es la clave
principal, y **Cargo**, que contiene la denominación de los cargos.

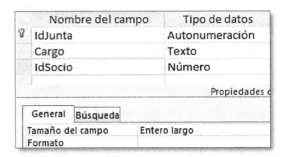

Vamos a relacionarla con la tabla SOCIOS, de manera que podamos asignar
un cargo a un socio/a y acceder a sus datos sin tener que duplicarlos en la
tabla de la junta directiva.

Siendo SOCIOS la tabla principal y su campo **IdSocio**, la **clave principal** de la
relación, necesitaremos añadir un campo de **igual tipo** y **tamaño** en la tabla
JUNTA DIRECTIVA para usarlo como **clave externa**. Le daremos el mismo nombre, IdSocio.

D   Así pues, en la **Vista Diseño**, inserte el nuevo campo **IdSocio** de
tipo **Número** con un tamaño **Entero largo**, para que coincida
con la clave principal de la tabla SOCIOS.

El campo IdSocio de la tabla SOCIOS es de tipo **Autonumérico**,
equivalente al tipo **Número**, y su tamaño es **Entero largo**. Se
cumple, por tanto, el requisito para establecer la relación.

E   En **Vista Hoja de datos** introduzca los siguientes identificativos de socios/as para asignarles los cargos:

IdJunta	Cargo	IdSocio
1	Presidente/a	3
2	Tesorero/a	9
3	Secretario/a	2
4	Vocal 1	4
5	Vocal 2	5
6	Vocal 3	6

F   Una vez introducidos los datos, vuelva al diseño de la tabla y en
IdSocio establezca la propiedad de **Requerido: Sí**, para que no
quede algún cargo vacío cuando cambien los miembros de la
junta y también, **Indexado: Sí (Sin duplicados)** para que evitar que un/a socio/a ocupe más de un cargo.

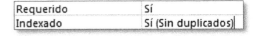

Guarde el diseño de la tabla JUNTA DIRECTIVA. *Access* le avisará del cambio en las propiedades y le advertirá de
posibles errores con los datos introducidos: clique en **Sí**. Luego, **cierre** la tabla.

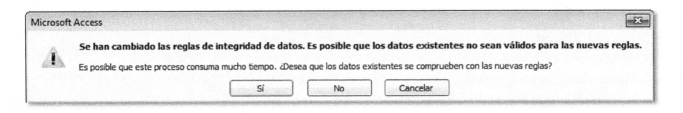

G Ya puede relacionar las dos tablas desde **Herramientas de bases de datos > Relaciones**.

En la ventana de relaciones, clique en **Mostrar tabla** para agregar JUNTA DIRECTIVA y cierre el cuadro de diálogo.

Arrastre el campo **IdSocio** de la tabla SOCIOS encima del campo **IdSocio** de la tabla JUNTA DIRECTIVA,

El tipo de relación propuesta por *Access* será **Uno a uno**, dado que las propiedades de los campos establecen que no habrán duplicados. Este tipo es el que nos interesa, ya que implica que un/a socio/a ocupará un solo cargo, y viceversa.

Active **Exigir integridad referencial** para evitar:

- Que se introduzca un IdSocio en la tabla JUNTA DIRECTIVA sin que exista en la tabla SOCIOS. Es decir, no podrá asignarse un cargo si no existe el correspondiente registro del socio/a.

- Que se borre el registro de un socio que esté en la junta directiva, lo cual equivaldría a tener un cargo vacío.

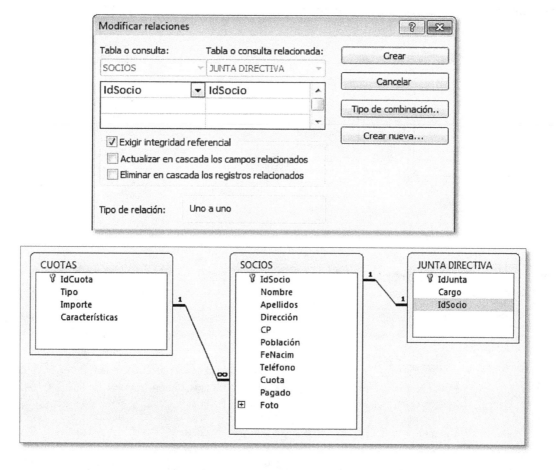

H Si quiere comprobar la integridad referencial, introduzca un IdSocio inexistente, por ejemplo, el 25. También, intente eliminar en la tabla SOCIOS el registro de un/a socio/a que figure en la junta, por ejemplo, el 3.

I Por último, cierre la ventana de relaciones y **guarde** su diseño.

3.9 Formulario e informe sobre consulta

La tabla JUNTA DIRECTIVA necesitará un **formulario** para gestionar los datos, pero como los datos de los socios/as se encuentran en otra tabla, habrá que crear primero una **consulta** con campos de ambas.

Con un **informe** basado en esta consulta obtendremos un listado de la junta y datos adicionales de sus miembros.

PRÁCTICA

A Crearemos una **consulta** que incluya las tablas JUNTA DIRECTIVA y SOCIOS **[Crear > Consultas > Diseño de consulta]**.

Elegiremos todos los campos de la primera tabla y los campos Nombre, Apellidos, Teléfono y Foto de la segunda.

La ordenaremos ascendentemente por **IdJunta** y la guardaremos con el nombre de **Consulta Junta Directiva**.

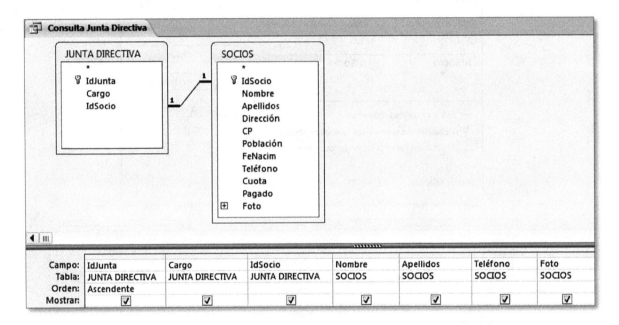

B   Ahora, crearemos un **formulario** con el asistente, seleccionando previamente la consulta en el **Panel de navegación [Crear > Formularios > Asistente para formularios]**.

Incluiremos **todos** los campos y elegiremos una distribución en **columnas**. Le daremos el nombre de **Formulario Junta Directiva**.

C   Mediante este formulario cambiaremos el cargo de **Vocal 2**, a la socia con IdSocio **8**, María De La O'.

El cambio se reflejará al cerrar el formulario o al pulsar en **Inicio > Registros > Actualizar todo**.

D   Para crear el informe, seleccionaremos también la consulta y accederemos a **Crear > Informe > Asistente para informes**.

Allí, incluiremos los campos IdJunta, Cargo, Nombre, Apellidos y Teléfono. No agregaremos ningún nivel de agrupamiento y lo ordenaremos por IdJunta. Aceptaremos la distribución tabular y como nombre le daremos **Informe Junta Directiva**.

Al cerrar la **Vista preliminar**, ajustaremos los controles que lo precisen.

Informe Junta Directiva

Junta	Cargo	Nombre	Apellidos	Teléfono
1	Presidente/a	Julia	Cava Gutiérrez	964 235 432
2	Tesorero/a	Marisa	Prisa	964 478 462
3	Secretario/a	Imanol	Arias García	964 235 487
4	Vocal 1	Leonard	Cohen	615 236 444
5	Vocal 2	María	De La O'	964 221 313
6	Vocal 3	Billy	Dekid	964 391 038

3.10 Base de datos: formulario de navegación inicial

Una opción muy práctica para los usuarios de la base de datos es contar con un menú para acceder a los formularios e informes desde una sola página cuando se abre la base de datos.

Esto se consigue con un tipo especial de **formulario de navegación**, el cual crearemos en este tema. Si queremos que este formulario de menú se abra automáticamente con la base de datos, lo especificaremos en **Archivo > Opciones > Base de datos actual > Opciones de aplicación > Mostrar formulario**.

PRÁCTICA

A Accederemos a **Crear > Formularios > Navegación** y del menú elegiremos **Pestañas verticales, izquierda**.

En la zona de la **izquierda**, colocaremos los **botones** para abrir los formularios e informes y en la zona de la **derecha** se mostrará el **objeto** al clicar en su botón correspondiente.

Arrastraremos el **Formulario Cuotas** desde el **Panel de navegación** a la zona izquierda, bajo **[Agregar nuevo]**.

B Arrastraremos también el **Formulario Socios** y **Formulario Junta Directiva** y en la misma **Vista Presentación** o en la **Vista Formulario** comprobaremos su funcionamiento.

Tengamos en cuenta que el botón **Cerrar** de los formularios de las cuotas y de los socios/as, cerrarán ahora el de navegación.

Guardaremos el formulario con el mismo nombre, **Formulario de navegación**.

C   Se puede **cambiar el texto** de cada botón, seleccionándolo y haciendo clic dentro.

También, es posible modificar su color de relleno, contorno, fuente, forma, etc. en **Herramientas de presentación de formulario > Formato**.

Si queremos **cambiar el orden** de los botones de navegación, los arrastraremos hacia arriba o hacia abajo.

Y si queremos **eliminarlos**, usaremos el menú contextual o **Inicio > Registros > Eliminar**.

D   Arrastraremos, los **informes** de las **cuotas**, de los **impagados** y de la **junta directiva**. No crearemos un botón para el informe de etiquetas de los/as socios/as porque el formulario de navegación nos permite verlo, pero no imprimirlo.

El formulario de navegación está **limitado** a los formularios y a la visualización de informes, así que, si queremos ejecutar una consulta o imprimir un informe, deberemos acudir al **Panel de navegación**. No obstante, también es posible crear un formulario en blanco donde añadir botones de comando que realicen estas acciones, tal como hicimos en los formularios de socios y de cuotas, y luego asignar un botón de navegación a este formulario.

E   Como el formulario de navegación va a ser el menú que facilite la gestión de la base de datos, cambiaremos su título a **Club de Billar** y, para que se abra automáticamente con la base de datos, acudiremos a **Archivo > Opciones > Base de datos actual > Opciones de aplicación > Mostrar formulario**, donde lo elegiremos en la casilla desplegable.

Cerraremos la base de datos y la volveremos a abrir para comprobar que se muestra el formulario con la primera opción activa, Cuotas. Si preferimos que sea otro formulario o informe el que se muestre, colocaremos su botón en primer lugar.

Si nuestra intención es que no se vea ninguna información al abrirse el formulario, podemos crear un formulario o informe en blanco, o con una imagen del club, y asignarle un botón de navegación, que pondremos el primero.

▶ Módulo 4

Temas

4.1 Compactar y reparar la base de datos · Cifrar con contraseña

Con el uso prolongado, una base de datos aumenta de tamaño y puede ralentizarse. Asimismo, se pueden producir errores en su estructura. Para evitarlo, recurriremos a la opción de **compactar y reparar** de vez en cuando, dependiendo de mayor o menor uso que se haga de la base de datos.

Otra medida de seguridad, pero, en cuanto al acceso a la misma base de datos, es el **cifrado con contraseña**. Al hacer así, se pedirá que se introduzca la contraseña cada vez que se abre la base de datos.

PRÁCTICA

A Lógicamente, debemos realizar copias de seguridad de todos nuestros archivos importantes y, será conveniente hacer una copia de la base de datos antes de utilizar la herramienta para compactar y reparar.

Con todos los objetos cerrados activaremos **Herramientas de base de datos > Herramientas > Compactar y reparar base de datos** (o **Archivo > Información > Compactar y reparar**).

> **Nota:** Si somos usuarios únicos tenemos la opción de automatizar este proceso cuando se cierra la base datos en **Archivo > Opciones > Base de datos actual > Compactar al cerrar**.

B Para que se nos exija una contraseña al abrir la base de datos, deberemos abrirla primero en **modo exclusivo** desplegando el **menú del botón Abrir [Archivo > Abrir]** y acudir a **Archivo > Información > Cifrar con contraseña**.

Antes de cifrar con contraseña es conveniente contar con una copia de seguridad de la base de datos. Asimismo, es esencial memorizar la contraseña y/o anotarla en un sitio seguro; de lo contrario, será imposible abrir la base de datos.

C Para quitar la contraseña dada repetiremos el proceso de abrir en modo exclusivo y accederemos a **Archivo > Información > Descifrar base de datos**.

4.2   Combinar correspondencia con Word

Los informes de *Access* tienen muchas posibilidades, pero diseñarlos desde cero es bastante engorroso. Por ejemplo, si hemos de enviar una carta a los/as socios/as, es mucho más rápido y tenemos más posibilidades de diseño al utilizar el procesador de texto *Word* para redactarla y combinarla luego con los datos.

Para realizar la práctica de este tema, es necesario saber trabajar mínimamente con el procesador de texto y, si se está familiarizado con la herramienta de **combinar correspondencia**, será más fácil llevarla a cabo. Esta herramienta nos permite crear cartas personalizadas con los datos almacenados en tablas o consultas de una base de datos. En nuestro caso, lo haremos con los/as socios/as del club.

Durante el proceso de combinación de correspondencia emplearemos **3 archivos**:

1   La tabla SOCIOS de *Access* con los **datos** a combinar.

2   El documento principal de la combinación, que en este caso será una **carta**, que habrá de crear en *Word* y cuyo contenido se muestra al final de la práctica.

3   El documento con los **datos combinados**, es decir, con el texto de la carta más los datos de la tabla.

PRÁCTICA

A   Abriremos *Word* y redactaremos un documento similar al mostrado al final de este tema, pero sin incluir el texto entre comillas angulares **« »**, que serán los campos que insertaremos posteriormente.

B   Al acabar, desde la ficha **Correspondencia > Iniciar combinación de correspondencia**, iniciaremos la combinación de correspondencia eligiendo **Cartas**.

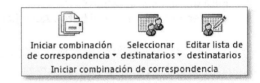

C   A continuación, para indicar a quién irán dirigidas las cartas, clicaremos en **Seleccionar destinatarios** y, luego, en **Usar lista existente**.

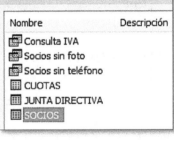

D   Para elegir un origen de datos, abriremos la base de datos **Club de Billar.accdb** y, dentro de ella, la tabla **SOCIOS**.

E   Ahora colocaremos el cursor en la posición donde queremos que aparezcan los datos (nombre, dirección, cuota, etc.) del socio/a y en el grupo **Escribir e insertar campos** clicaremos en **Insertar campo combinado**.

De la lista, elegiremos los campos necesarios "Nombre", "Apellidos", "Dirección", "CP", "Población" y "Cuota"

«Nombre» «Apellidos»

«Dirección»

«CP» «Población»

F Mediante el botón **Vista previa de resultados** comprobaremos cómo quedan los datos combinados.

Si clicamos en los botones de las **flechas** visualizaremos los distintos registros de la tabla.

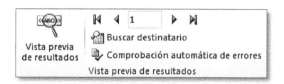

G Seleccionando los campos insertados en el documento podemos cambiar su formato (fuente, alineación, sangría, etc.) el cual se aplicará a todos los datos combinados con los campos.

H Finalmente clicaremos en **Finalizar y combinar**, eligiendo **Editar documentos individuales** para **todos los registros**.

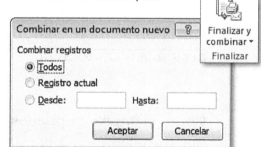

Con ello se creará automáticamente un <u>documento</u> (**Cartas1**) conteniendo el texto de la carta y los datos de los socios.

Este documento se podrá imprimir o guardar como documento de *Word* (o PDF).

Si se detecta algún error, habrá que descartarlo, corregir el error y volver a combinar.

I Pasaremos a la **vista previa de impresión** para comprobar mejor el resultado.

J Por último, redactaremos una carta a los socios que no han pagado la cuota. El **origen de los datos** será la **Consulta Impagados**. El documento será igual que el anterior, pero cambiaremos el texto por el siguiente:

> Por la presente te comunicamos que, a fecha de hoy, todavía no has satisfecho la cuota del año actual que asciende a un total de
>
> **«Cuota» €**

CLUB DE BILLAR DE CASTELLÓ

C/ Carambola, 3
12121 Castelló de la Plana

«Nombre» «Apellidos»
«Dirección»
«CP» «Población»

Estimado socio/a «**Nombre**»:

Por la presente te comunicamos que la cuota del año actual
asciende a un total de

«**Cuota**» €

Como siempre, la puedes hacer efectiva en las oficinas del club o
por transferencia a la cuenta 9876543210 del banco Actividades
Lúdicas.

Atentamente,

Marisa Prisa
Tesorera

4.3   Propiedades de campo: título, valor predeterminado, requerido, regla de validación

Los nombres que ponemos a los campos en la **Vista Diseño** de la tabla, son los que aparecen en la **Vista Hoja de Datos**, en los formularios, informes y al ejecutar consultas. Pero, si nos interesa mostrar otros distintos, más claros para los/as usuarios/as de la base de datos, los escribiremos en la casilla **Título** de las propiedades de campo.

La propiedad **Valor predeterminado** hará aparecer un valor en el campo automáticamente cuando añadimos un registro. Esto nos será útil cuando el dato que introducimos en un campo suele ser el mismo en cada registro nuevo. Por ejemplo, si la mayoría de nuevos clientes es de Barcelona, estableceremos "Barcelona" como valor predeterminado.

Cuando un campo no puede quedar vacío (un DNI o un CIF, un nombre de proveedor o de producto, etc.) recurriremos a la propiedad **Requerido**, que nos obligará a escribir en el campo o no podremos guardar el registro.

Para evitar errores en la introducción de los datos hemos utilizado máscaras de entrada. Además de estas, contamos con la opción de poner en las propiedades del campo una condición de cumplimiento necesario, lo que se denomina **regla de validación**. Si el dato que escribimos, no cumple dicha condición, es decir, infringe la regla de validación, *Access* no nos dejará introducirlo. Por ejemplo, el precio de un producto no puede ser menor que 0.

PRÁCTICA

A   Utilizaremos en esta práctica una base de datos que ya contiene tres tablas. En la carpeta **Archivos Access 2010** localice la base de datos **Delicatessen.accdb**, cópiela a la biblioteca **Documentos** o a otra carpeta de su elección y abra el archivo.

Ａ continuación, abra la tabla **Productos** y observe los nombres de los campos. Pase a **Vista Diseño** y compare los nombres de los campos con los de la **Vista Hoja de datos**.

Son distintos porque se les ha dado un **Título** en las propiedades de campo. Ese texto es que aparecerá en los objetos creados a partir de la tabla.

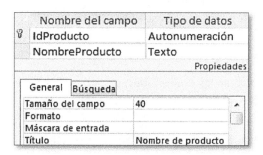

B   Abra la tabla **Proveedores** en modo diseño y observe en las propiedades del campo **País** que el **valor predeterminado** es "Alemania", ya que la mayoría de nuevos proveedores provendrán de allí. Si vamos a la **Vista Hoja de datos**, comprobará que el nuevo registro que figura al final, ya contiene el país.

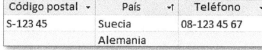

Código postal	País	Teléfono
S-123 45	Suecia	08-123 45 67
	Alemania	

C El nombre de producto en la tabla **Productos** debería ser obligatorio, por lo tanto, no ha de quedar vacío el campo: en las propiedades del campo establezca **Requerido: Sí**.

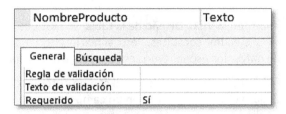

Para comprobar la propiedad, en la **Vista Hoja de datos** (o en el **Formulario Productos**), borre un nombre de producto y pase al siguiente registro. *Access* mostrará un aviso de que debemos introducir contenido en el campo.

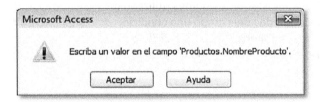

Acepte y deshaga la acción o pulse **Esc**.

D En esta misma tabla va a crear una **regla de validación** que controle el contenido que se introduce en el precio del producto para evitar que se escriban números negativos, es decir, el precio habrá de ser **mayor o igual a 0**.

En la casilla **Regla de validación**, escriba: **>=0**.

En la casilla **Texto de validación** escriba, por ejemplo, "El precio no puede ser negativo". Este texto es que aparecerá en el mensaje de advertencia cuando se viole la regla de validación.

Pase a **Vista Hoja de datos** y guarde el diseño.

Cuando *Access* le avise del cambio en las propiedades, clique en **Sí** para que compruebe los datos con la nueva regla.

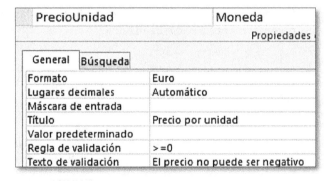

Cambie un precio a un valor negativo, para ver si funciona correctamente la regla.

Acepte y pulse **Esc** para cancelar el cambio.

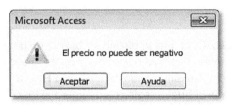

4.4 Revisión de relaciones

Siendo las **relaciones** entre tablas uno de los temas más complejos de las bases de datos, dedicamos este tema a revisar su creación.

PRÁCTICA

A Abra la base de datos **Delicatessen.accdb**, si no la tiene abierta, y relacione las tres tablas existentes **[Herramientas de base de datos > Relaciones > Relaciones]**.

- **Tabla Categorías** (clave principal IdCategoría) con **Tabla Productos** (clave externa IdCategoría) Tipo de relación **Uno a varios**.

- **Tabla Proveedores** (clave principal IdProveedor) con **Tabla Productos** (clave externa IdProveedor) Tipo de relación **Uno a varios**.

Exija **Integridad referencial** en ambas relaciones.

La ventana de relaciones debería quedar como sigue:

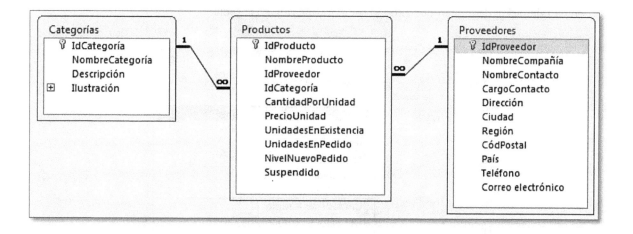

4.5   Formularios: orden de tabulación, hipervínculos

Cuando creamos un formulario basado en una tabla o consulta e introducimos datos, para movernos de un campo al siguiente, lo más habitual es pulsar la tecla **Tab** (o **Mayús+Tab** para ir al campo anterior). El orden que siguen los campos es el mismo que tienen en la tabla o consulta, pero si estas se han ido modificando o nos interesa otro orden en el formulario, habremos de modificarlo.

Veremos, pues, cómo controlar el **orden de tabulación** para que la introducción de datos sea más efectiva.

También aprenderemos a insertar **hipervínculos**, cuya función es abrir otros objetos de la base de datos, archivos externos, páginas web y correos electrónicos desde los formularios.

PRÁCTICA

A   Abra el **Formulario Productos** y compruebe que el orden de tabulación no es el que debiera.

Cámbielo en la **Vista diseño**: en **Herramientas de diseño > Diseño > Herramientas**, clique en **Orden de tabulación**.

Seleccione el campo de la lista clicando en su **encabezado** (el cuadrado a la izquierda del nombre) y, luego, **arrástrelo** a la posición correcta.

El orden de tabulación de los campos debería ser el mismo que en la tabla.

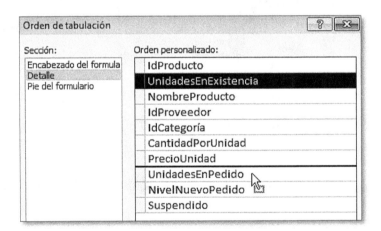

B   Cree 2 formularios automáticos **[Crear > Formularios > Formulario]**, uno para la tabla **Categorías** y otro para la tabla **Proveedores**.

Una vez creados, modifique el tamaño la posición de sus controles para que queden aproximadamente como se muestra abajo.

Ambos formularios de deberían incluir automáticamente un **subformulario** de **Productos** si la relación entre las tablas establecida en el tema anterior está bien configurada.

Categorías

Id de categoría	1
Nombre de categoría	Bebidas
Descripción	Gaseosas, café, té, cervezas y maltas

Id de product ▾	Nombre de producto ▾	Proveedor ▾	Cantidad por unic ▲
1	Té Dharamsala	Exotic Liquids	10 cajas x 20 bols:
2	Cerveza tibetana Barley	Exotic Liquids	24 - bot. 12 l
24	Refresco Guaraná Fantástica	Refrescos Americanas LTDA	12 - latas 355 ml
34	Cerveza Sasquatch	Bigfoot Breweries	24 - bot. 12 l
35	Cerveza negra Steeleye	Bigfoot Breweries	24 - bot. 12 l
38	Vino Côte de Blaye	Aux joyeux ecclésiastiques	12 - bot. 75 cl
39	Licor verde Chartreuse	Aux joyeux ecclésiastiques	750 cc por bot.
43	Café de Malasia	Leka Trading	16 - latas 500 g

Registro: I◀ ◀ 1 de 12 ▶ ▶I ▶ | ⫟ Sin filtro | Buscar | ◀ IIII ▶

Proveedores

Id de proveedor	1	Región	
Nombre de compañía	Exotic Liquids	Código postal	EC1 4SD
Nombre del contacto	Charlotte Cooper	País	Reino Unido
Cargo del contacto	Gerente de compras	Teléfono	(171) 555-2222
Dirección	49 Gilbert St.	Correo electrónico	sales@exotic-liquids.co.uk
Ciudad	Londres		

Id de product ▾	Nombre de producto ▾	Categoría ▾	Cantidad por unidac ▾	Precio por unidac ▾	Unidades
1	Té Dharamsala	Bebidas	10 cajas x 20 bolsas	18,00 €	
2	Cerveza tibetana Barley	Bebidas	24 - bot. 12 l	19,00 €	
3	Sirope de regaliz	Condimentos	12 - bot. 550 ml	10,00 €	
*	(Nuevo)				

Registro: I◀ ◀ 1 de 3 ▶ ▶I ▶ | ⫟ Sin filtro | Buscar | ◀ IIII ▶

C En la **Vista diseño** de los tres formularios inserte **hipervínculos** en el encabezado que abran otros formularios.

Comience por el formulario de productos, clique en la zona de encabezado y estreche el control del título para dejar espacio a la derecha.

Acceda a **Herramientas de diseño > Diseño > Controles > Hipervínculo** y en el cuadro de diálogo, elija **Vincular a: Objeto de esta base de datos**.

A continuación, despliegue el grupo de **Formularios** y seleccione el **Formulario Categorías**.

Como **texto** del hipervínculo escriba **Abrir Categorías**. Pulse **Aceptar**.

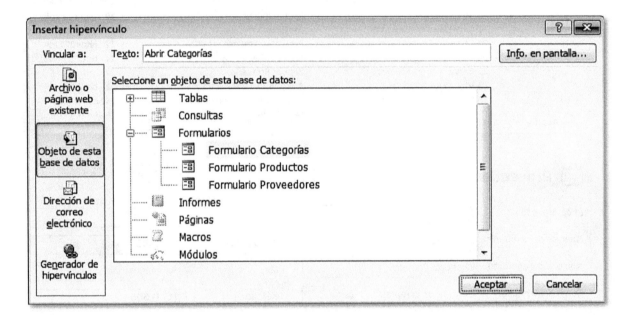

Arrastre el hipervínculo a la derecha del título y modifique su formato, si lo desea **[Herramientas de diseño > Formato > Fuente]**.

En la **Vista Formulario** compruebe su funcionamiento clicando encima.

D Repita el proceso para insertar otro hipervínculo que abra el **Formulario Proveedores**.

E   Luego, inserte un hipervínculo en el **Formulario Categorías** y otro en el **Formulario Proveedores** que abran el **Formulario Productos**.

> NOTA: Puede **copiar** los hipervínculos, al igual que los botones de comando, entre formularios una vez creados.
>
> Si ha cambiado el formato de alguno, puede repetirlo en otro del mismo formulario con la opción de **Copiar formato** de **Inicio > Portapapeles**.

F   Por último, inserte un hipervínculo a una **página web**, por ejemplo, a la web de Google: https://www.google.es.

Elija **Generador de hipervínculos**, escriba la dirección web en la casilla **Dirección** o en **Dirección URL base** y el texto que quiera mostrar en el control en la casilla **Texto**.

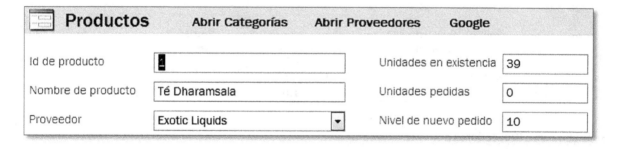

G   Experimente, si lo desea, con más hipervínculos y con los botones de comando, que ya utilizó en prácticas anteriores.

4.6   Revisión de consultas

Ya sabemos que la manera de "interrogar" a las tablas de una base de datos son las **consultas**. Retomamos en este tema este objeto, a fin de que nos sirva para asentar los conocimientos obtenidos con anterioridad.

PRÁCTICA

A   En la base de datos **Delicatessen.accdb**, diseñe una consulta de **parámetros** que incluya las tablas **Categorías** y **Productos.**

Al ejecutar la consulta debe aparecer un cuadro de diálogo con el título **¿Suspendido? No=0; Sí=-1** para elegir si queremos mostrar los productos suspendidos o los activos.

Incluiremos los campos mostrados abajo, agrupados por **categoría** y ordenados por **categoría** y por **producto**.

Campo:	NombreCategoría	NombreProducto	CantidadPorUnidad	UnidadesEnExistencia	Suspendido
Tabla:	Categorías	Productos	Productos	Productos	Productos
Orden:	Ascendente	Ascendente			
Mostrar:	✓	✓	✓	✓	✓
Criterios:					[¿Suspendido? No=0; Sí=-1]

Guárdela como **Productos Suspendidos Sí/No**.

B   Diseñe una consulta de **parámetros** que nos pida el país y luego, la ciudad del proveedor, de forma que sea posible introducir caracteres comodín (* y ?), es decir, incluya la palaba **Como** al inicio del criterio.

Puede indicar la posibilidad de usar los comodines en el texto del mensaje.

Campo:	Proveedores.*	País	Ciudad
Tabla:	Proveedores	Proveedores	Proveedores
Orden:			
Mostrar:	✓	☐	☐
Criterios:		Como [Escriba el país]	Como [Escriba la ciudad]

Guárdela como **Proveedores por País y Ciudad**.

C   Cree una consulta sobre la tabla **Productos** que muestre el riesgo de quedarnos sin stock de los productos en activo. Incluya los campos NombreProducto, UnidadesEnExistencia, UnidadesEnPedido, NivelNuevoPedido y Suspendido.

Habrá riesgo si las unidades en existencia más las unidades en pedido son menores que el nivel del nuevo pedido.

Necesitará un campo calculado con la suma **[UnidadesEnExistencia]+[UnidadesEnPedido]**.

Para que los registros cumplan la condición de ser menores que el nivel del nuevo pedido, habrá que escribir **<[NivelNuevoPedido]** como criterio del campo calculado.

Ordene la consulta por nombre de producto y oculte el campo Suspendido, cuyo criterio ha de ser **0** (o **Falso**, que es lo que pondrá *Access*).

Campo:	Suspendido	[UnidadesEnExistencia]÷[UnidadesEnPedido]
Tabla:	Productos	
Orden:		
Mostrar:	☐	☐
Criterios:	Falso	<[NivelNuevoPedido]

Guárdela como **Riesgo Stock**.

D Inserte un **hipervínculo** a esta consulta en el formulario **Productos**. Como texto escriba **Ver Riesgo Stock**.

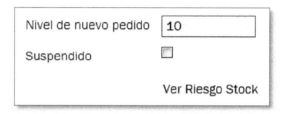

E Cree una consulta con **totales** que incluya la tabla **Categorías** y la tabla **Productos** que nos muestre cuántos productos hay en cada categoría. Incluya el campo NombreCategoría y NombreProducto.

Escriba **Número de productos:** delante de NombreProducto para que se muestre como encabezado de la columna al ejecutar la consulta.

Ordénela por número de productos, descendente.

Campo:	NombreCategoría	Número de productos: NombreProducto
Tabla:	Categorías	Productos
Total:	Agrupar por	Cuenta
Orden:		Descendente

Guárdela como **Productos por Categoría**.

4.7   Informes: diseño, secciones, propiedades, insertar imagen

La manera más clara de plasmar los datos para imprimirlos son los **informes** y la forma más rápida de crearlos es el asistente para informes. El problema es que el resultado habrá de ser **modificado** en la mayoría de ocasiones.

El informe se divide en varias **secciones**, según los niveles de agrupamiento y opciones de resumen que hayamos establecido al crearlo. Estas secciones las veremos en la **Vista Diseño** y, al acceder a sus **propiedades** y a las del informe en sí, es posible realizar cambios en la ordenación e impresión, entre otros, sin crear el informe de nuevo.

PRÁCTICA

A   Cree un **informe** con el asistente que muestre las unidades en existencia de cada producto, agrupados los productos por categoría.

Este informe estará basado en la consulta **Productos Suspendidos Sí/No**, con lo cual nos pedirá el criterio cada vez que lo abramos o cambiemos sus propiedades.

En el informe se han de ver los datos por **categorías**, con dos niveles de **agrupamiento** (**Suspendido** y **NombreCategoría**) y ordenado por **producto**. Dele el mismo nombre que la consulta.

El aspecto habría de ser similar al mostrado, con los cambios que se indican en el punto B:

Productos Suspendidos Sí/No				
Suspendido Sí	Categoría	Nombre de producto	Cantidad por unidad	Stock
	Bebidas			
		Refresco Guaraná Fantástica	12 - latas 355 ml	20
	Carnes			
		Buey Mishi Kobe	18 - paq. 500 g	29
		Cordero Alice Springs	20 - latas 1 kg	0
		Empanada de carne	48 porc.	0
		Salchicha Thüringer	50 bolsas x 30 salch	0
	Condimentos			
		Mezcla Gumbo del chef Anton	36 cajas	0
	Frutas/Verduras			
		Col fermentada Rössle	25 - latas 825 g	26
	Granos/Cereales			
		Tallarines de Singapur	32 - 1 kg paq.	26

B En la **Vista diseño**, en la sección **Encabezado de página**, se ha cambiado el texto de las etiquetas de los controles Nombre de categoría y Unidades en existencia por otro más corto: **Categoría** y **Stock**.

También en esta sección se han puesto en negrita las etiquetas de los nombres de los campos. Para **seleccionar todas** las etiquetas de la fila hay que clicar al inicio de la fila. Si se arrastra hacia abajo/arriba, se seleccionan los controles situados por encima o por debajo, incluso de las otras secciones del informe.

En la sección **Encabezado de Suspendido**, el control de Suspendido se ha alineado a la **izquierda**.

En la sección **Detalle** se han hecho **más altos los controles** del nombre del producto y de la cantidad por unidad, para prevenir que un contenido más largo que el control no se muestre por completo. Así, si el nombre o la cantidad supera la longitud del control se mostrará en más de una línea.

C En la **Vista Informes** se muestra el informe todo seguido, mientras que en la **Vista preliminar** aparece paginado. Si clica en los **selectores de página** de esta vista, verá que algún nombre de categoría no llega a encabezar su correspondiente grupo de productos.

Para evitar que esto ocurra, habrá que indicar que se imprima siempre el nombre de la categoría al inicio de cada página. Deberá modificar las propiedades del encabezado del nombre de categoría **[Herramientas de diseño > Diseño > Herramientas > Hoja de propiedades]**.

Primero, clique en la sección **Encabezado NombreCategoría** y en la ficha **Formato** de la hoja de propiedades indique **Repetir sección: Sí**.

Guarde el diseño del informe, ciérrelo y ábralo para mostrar los productos no suspendidos (**0**). En la **Vista preliminar** compruebe las modificaciones que ha realizado (utilice la opción de la lupa y del menú del **zoom** para ver mejor las páginas).

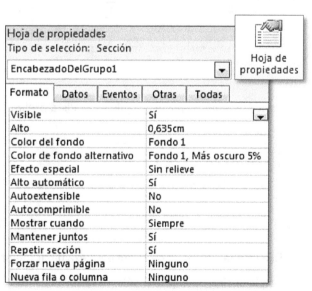

NOTA: Con la opción **Forzar nueva página: Antes de la sección**, cada categoría aparecería en una página propia.

D   Si necesita hacer un cambio en la ordenación de los campos, acuda a **Herramientas de diseño > Diseño > Herramientas > Hoja de propiedades**.

En la ficha **Datos**, escriba en la casilla **Ordenar por**, la nueva ordenación. Por ejemplo, en el informe anterior, en la hoja de propiedades del **Informe** escriba **[UnidadesEnExistencia] DESC** para ordenarlo por ese campo en forma descendente (para ascendente no escriba nada después del nombre del campo). Compruebe el resultado.

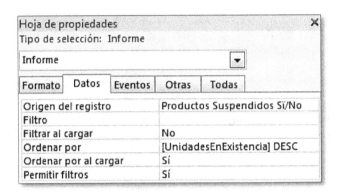

E   Pruebe a insertar una imagen en el encabezado del informe **[Herramientas de diseño > Diseño > Controles > Insertar imagen]**. Seleccione la imagen **Casilla.png** de la carpeta **Archivos Access 2010**.

Una vez insertada, para poder cambiar su tamaño libremente, abra la **Hoja de propiedades** y en la ficha **Formato** establezca **Modo de cambiar el tamaño: Extender**.

F   Para configurar la página hágalo en la **Vista preliminar**.

Use la lupa y el menú de **Zoom** para examinar mejor el informe.

Con la opción de **Imprimir sólo los datos** activada no se imprimirá el encabezado del informe, ni el de página.

4.8   Informes: cálculos y funciones

Al igual que en las consultas, en los informes podemos incluir **funciones** que nos den un resultado determinado y realizar **cálculos** con los campos numéricos. Así pues, si no existe una consulta con los campos calculados que necesitamos y no nos interesa crearla, lo haremos directamente en el informe.

Nos centraremos en este tema en los procedimientos para construir fórmulas personalizadas y para usar las funciones más habituales, que en los controles de informe (o formulario) irán precedidas del signo **=** (igual).

PRÁCTICA

A   Mediante el asistente para informes, crearemos un **informe** basado en la tabla **Productos** que muestre el nombre del producto, el precio por unidad y las unidades en existencia.

No tendrá agrupamiento, ya que nos interesa una lista simple de nuestras existencias, y lo ordenaremos por **producto**, ascendentemente.

Elegiremos una distribución **tabular**, dado que será un listado sin grupos, y de nombre le daremos **Valor Productos y Totales**.

Valor Productos y Totales

Nombre de producto	Precio por unidad	Unidades en existencia
Algas Konbu	6,00 €	24
Arenque ahumado	9,50 €	5
Arenque blanco del noroeste	25,89 €	10

B   Pasaremos a **Vista Diseño** y observaremos la sección **Pie de página**. En un cuadro de texto a la izquierda aparece la función **=Ahora()**, que muestra la **fecha** actualizada cada vez que se abre o imprime el informe.

> **NOTA:** En realidad, esta función muestra de forma predeterminada una fecha corta seguida de la hora, pero el asistente para informes la configura como fecha larga **[Hoja de propiedades > Formato > Formato: Fecha larga]**.

Como queremos ver la fecha y la hora por separado y situadas en el encabezado, recurriremos a **Herramientas de diseño > Diseño > Encabezado y pie de página > Fecha y hora**.

Elegiremos lo que nos interese incluir y su formato. En el ejemplo, se ha optado por incluir la fecha larga y la hora en formato 24 h. sin los segundos.

Veremos que tenemos dos cuadros de texto en el encabezado del informe que muestran las funciones **=Fecha()** y **=HoraActual()** respectivamente. Como no necesitamos la función =Ahora() del pie de página, seleccionaremos y suprimiremos ese cuadro de texto.

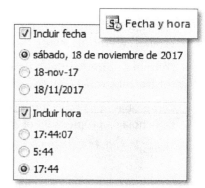

C A la derecha del pie de página hay una expresión para mostrar el **número de página**, **[Page]**, y el **total** de páginas, **[Pages]**.

El **texto** que precede a los números va entrecomillado y el símbolo **&** sirve para unir el texto con el código.

Así, si quisiera mostrar 1 / 5, por ejemplo, la expresión sería **=[Page] & " / " & [Pages]**.

D Vamos a insertar una **etiqueta**, cuya única función será mostrar un texto en el pie de informe, de manera que no haya duda de que se ha llegado a la última página.

En **Herramientas de diseño > Diseño > Controles**, clicaremos en el control **Etiqueta** y arrastraremos por la zona del pie del informe para darle un tamaño.

Escribiremos el texto FIN DEL INFORME y aumentaremos su fuente. En **Vista preliminar** comprobaremos el resultado.

E Ahora, debemos averiguar **cuánto vale** cada producto multiplicando el precio por las unidades. Este tipo de cálculo no podemos realizarlo en el asistente para informes, que, además, necesita un nivel de agrupamiento para poder operar.

Para poder escribir la fórmula y que se muestre en el informe necesitamos insertar un **cuadro de texto** en la sección **Detalle**. Lo haremos como con la etiqueta del punto anterior.

Borraremos la etiqueta asociada al cuadro de texto y ajustaremos su posición y tamaño.

Si tenemos dificultades para seleccionar la etiqueta asociada, en **Vista Presentación** será más fácil. Si queremos precisión al mover el control, pulsaremos **Ctrl** y las teclas de dirección. El tamaño lo cambiamos con **Mayús** y las teclas de dirección, y el tamaño exacto lo logramos en **Hoja de propiedades > Formato > Formato: Ancho / Alto**.

Para que tenga un encabezado, insertaremos una **etiqueta** en el encabezado de página con el texto **Valor**.

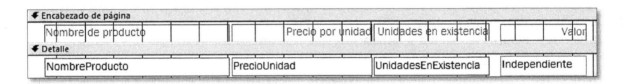

F Clicaremos dentro del cuadro de texto independiente y escribiremos la fórmula siguiente, que multiplica los dos campos: **=[PrecioUnidad]*[UnidadesEnExistencia]**.

En **Hoja de propiedades > Datos**, la casilla **Origen del control** mostrará la fórmula.

Comprobaremos este último punto y en la ficha **Formato** de la hoja de propiedades le aplicaremos el formato **Euro**.

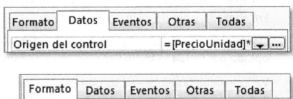

G Finalmente colocaremos en el encabezado del informe el total de productos, el total de existencias y el valor total de las mismas. De esta manera, se verán los datos nada más abrir el informe.

Dejaremos espacio para los cuadros de texto bajo el encabezado arrastrando la **zona inferior** del mismo.

A continuación, insertaremos los cuadros texto y los dispondremos como nos parezca mejor o como muestra el ejemplo de abajo.

En sus **etiquetas** escribiremos **Número productos**, **Total existencias** y **Valor existencias**, respectivamente.

Los cálculos los realizaremos con las funciones **=Cuenta([NombreProducto])**, **=Suma([UnidadesEnExistencia])** y **=Suma([PrecioUnidad]*[UnidadesEnExistencia])**, respectivamente.

El formato para Número productos y Total existencias habrá de ser **Formato: Estándar, Lugares decimales: 0**.

Y para Valor existencias, **Formato: Euro**.

Aplicaremos los formatos que queramos para cambiar el aspecto de los controles.

4.9   Exportar tablas y consultas como hojas de cálculo de Excel

Los datos almacenados en tablas y consultas se pueden **exportar a *Excel*** para convertirlos en hojas de cálculo y trabajar con este programa. Por supuesto, necesitaremos tener *Excel* instalado u otra aplicación compatible para comprobar el resultado de la exportación.

Veremos dos ejemplos de este sencillo proceso con una tabla y una consulta.

PRÁCTICA

A   Para obtener una hoja de cálculo con los datos almacenados en la tabla **Productos** la seleccionaremos en el **Panel de navegación** y accederemos a **Datos externos > Exportar > Excel**.

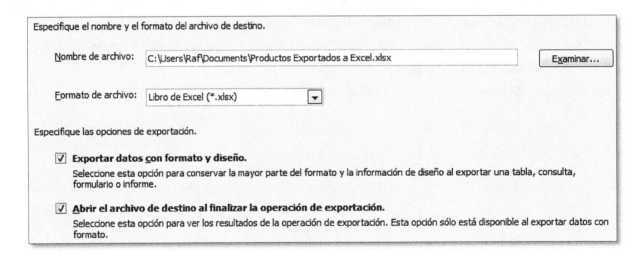

La guardaremos en la carpeta **Documentos** con el nombre de **Productos exportados a Excel**, nombre que escribiremos al final de la ruta mostrada en la casilla **Nombre de archivo**. Para guardarlo en otra carpeta, clicaremos en **Examinar**.

El formato será **Libro de Excel (*.xlsx)**. Si queremos un formato de una versión anterior, desplegaremos la casilla.

Activaremos **Exportar datos con formato y diseño**. Con esta opción se tendrá en cuenta la ordenación y los filtros aplicados, si los hubiera.

Si activamos **Abrir el archivo de destino al finalizar la operación de exportación**, veremos el resultado inmediatamente, de lo contrario, comprobaremos el resultado abriendo nosotros mismos el archivo de *Excel*.

La opción **Exportar sólo los registros seleccionados** nos servirá para exportar parte de la tabla, pero hemos de seleccionar los registros antes de comenzar el proceso.

Cerraremos el asistente sin guardar los pasos para la exportación.

B   Realizaremos la misma operación con la consulta **Productos por Categoría**, guardándola esta vez con el nombre de **Productos por Categoría exportados a Excel.xlsx**.

▶ MÓDULO 5

TEMAS

5.1 Importar datos desde Excel

La operación inversa a la estudiada en el tema anterior, es decir, **importar datos desde** *Excel*, nos será muy útil si los datos que necesitamos en una base de datos ya están introducidos en una hoja de cálculo.

Al importar, se creará una tabla con el contenido de la hoja de cálculo, o bien, se añadirán los datos a una tabla existente. Esta última opción es muy delicada, ya que el contenido de las celdas de la hoja debe ser compatible con el tipo y tamaño de los campos de la tabla de *Access*.

PRÁCTICA

A Cree una nueva base de datos con el nombre de **Empresas** en la cual importaremos datos desde *Excel*.

Nombre de archivo
Empresas.accdb
C:\Users\Raf\Documents\

B Accederemos a **Datos externos > Importar y vincular > Excel** y clicaremos en **Examinar** para seleccionar el archivo **Empresas.xlsx** dentro de la carpeta **Archivos Access 2010**.

C En el cuadro de diálogo del asistente activaremos la opción **Importar el origen de datos en una nueva tabla de la base de datos actual** y en el paso siguiente nos aseguraremos de que está marcada la opción **Primera fila contiene encabezados de columna**.

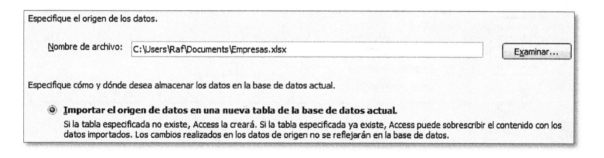

Especifique el origen de los datos.

Nombre de archivo: C:\Users\Raf\Documents\Empresas.xlsx   Examinar...

Especifique cómo y dónde desea almacenar los datos en la base de datos actual.

⦿ **Importar el origen de datos en una nueva tabla de la base de datos actual.**
Si la tabla especificada no existe, Access la creará. Si la tabla especificada ya existe, Access puede sobrescribir el contenido con los datos importados. Los cambios realizados en los datos de origen no se reflejarán en la base de datos.

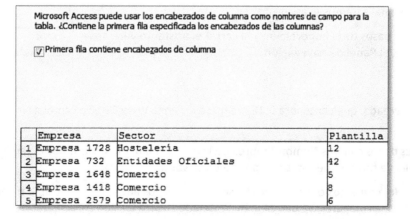

Microsoft Access puede usar los encabezados de columna como nombres de campo para la tabla. ¿Contiene la primera fila especificada los encabezados de las columnas?

☑ Primera fila contiene encabezados de columna

	Empresa	Sector	Plantilla
1	Empresa 1728	Hostelería	12
2	Empresa 732	Entidades Oficiales	42
3	Empresa 1648	Comercio	5
4	Empresa 1418	Comercio	8
5	Empresa 2579	Comercio	6

D A continuación, podemos configurar los campos **clicando** en las respectivas **columnas** o bien podemos hacerlo una vez acabada la importación. Haremos algunos cambios:

Clicaremos en la columna Empresa y cambiaremos el nombre del campo a **NombreEmpresa**

Como *Access* siempre "tira para arriba" en los procesos automatizados, deberíamos establecer un tamaño de campo menor en los campos numéricos: Plantilla (**Entero largo**), AñoInicio y AñoFin (**Entero**).

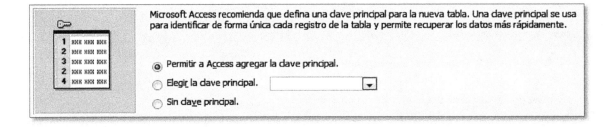

E En el paso siguiente, dejaremos que *Access* inserte una **clave principal**: el campo autonúmerico **Id**.

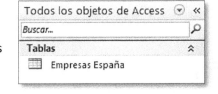

F Por último, en la casilla **Importar a la tabla** le daremos el nombre de **Empresas España** y finalizaremos el asistente.

No guardaremos los pasos de la importación y al cerrar el asistente veremos la tabla generada en el **Panel de navegación**.

G Abriremos la tabla creada, que contendrá 3.167 registros, y en la **Vista Diseño** cambiaremos el nombre del campo Id por **IdEmpresa**.

En las propiedades de los campos NombreEmpresa, Sector y Ciudad, modificaremos el tamaño a **100**. También dejaremos la casilla de formato de estos campos de texto vacía.

Al pasar a la **Vista Hoja de datos** o al guardar el diseño, *Access* nos advertirá del posible truncamiento de datos. Continuaremos de todas maneras, ya que ningún contenido supera los 100 caracteres.

5.2   Analizar tabla

Cuando en una tabla aparecen muchos datos repetidos en uno o más campos, es indicativo de que podría dividirse en otras tablas que contuvieran esos datos exclusivamente. De esta forma, se disminuiría el tamaño de la base de datos y se minimizarían los errores al introducir tales datos.

La herramienta **Analizar tabla** comprueba si sucede el caso anterior y propone la creación de tablas relacionadas. La utilizaremos en la tabla que hemos importado en el tema anterior para modificar la estructura de la base de datos y optimizar su funcionamiento.

PRÁCTICA

A   La tabla **Empresas España** contiene muchos datos repetidos en los campos **Sector** y **Ciudad**. Idealmente, estos datos deberían estar en sus propias tablas. Vamos a **analizar la tabla** importada y a dejar que *Access* nos proponga una solución.

B   Accederemos a **Herramientas de base de datos > Analizar > Analizar tabla** y seguiremos los pasos del asistente.

Los dos primeros son meramente ilustrativos, pero es interesante leer las explicaciones y ver los ejemplos.

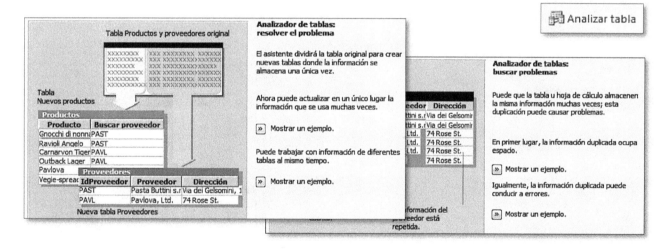

C   En el **paso 3** aparecerá la tabla seleccionada (si hubiera más tablas en la base de datos, habría que seleccionar una) y marcada la casilla **¿Desea mostrar las páginas de introducción?**

Sin modificar nada, iremos al paso siguiente.

D   En el **paso 4** dejaremos decidir al asistente para que nos muestre su propuesta.

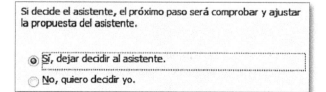

E En el **paso 5** veremos las **tablas** y las **relaciones** propuestas, pudiendo cambiar el tamaño y la posición de las ventanas de tablas mostradas para ver mejor el resultado.

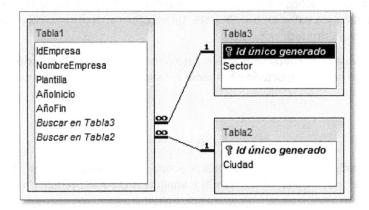

F Cambiaremos el **nombre** de las tablas haciendo doble clic encima el nombre provisional (Tabla1, Tabla2, Tabla3) o clicando en el botón **Cambiar el nombre de la tabla**, a la derecha. Si nos equivocamos, desharemos con el botón asociado.

Daremos los nombres de **Empresas**, **Sectores** y **Ciudades** a las tablas.

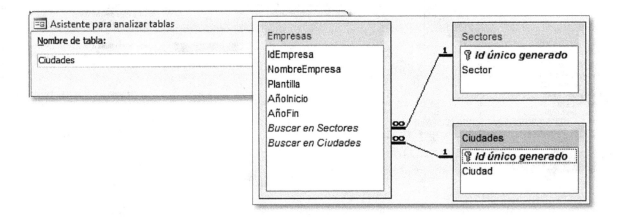

G Iremos al **paso 6**, donde se comprueban las claves principales. Clicaremos en el campo **IdEmpresa** para seleccionarlo y, a continuación, en el botón de la **llave** para establecerlo como **clave principal** de la tabla **Empresas**.

H En el **paso 7** desestimaremos las correcciones propuestas, dejando en **blanco** la casilla de **Corrección** o eligiendo de la lista desplegable **(Dejar tal y como está)**.

Sector	Corrección
Máquinas Recreativas	
Refino de Petróleo	
Trabajo Temporal	
Fabricación y reparación de maq. de precisión	(Dejar tal y como está)

I En el **último paso** <u>no dejaremos</u> que cree la consulta y finalizaremos el asistente.

Ahora, deberíamos tener las tablas en el **Panel de navegación**.

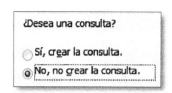

¿Desea una consulta?

○ Sí, crear la consulta.
◉ No, no crear la consulta.

J Nos queda **renombrar** los campos de la nueva tabla **Empresas** y **reordenarlos**.

Cambiaremos el **nombre** de SectoresId_ y de CiudadesId_ a **Sector** y **Ciudad**, respectivamente. Borraremos su **título** en las propiedades del campo para que coincida con el nombre dado y los moveremos para que queden después de Plantilla.

Una vez comprobado que todo está correcto, podemos eliminar la tabla original **Empresas España**.

Nombre del campo	Tipo de datos
IdEmpresa	Autonumeración
NombreEmpresa	Texto
Plantilla	Número
Sector	Número
Ciudad	Número
AñoInicio	Número
AñoFin	Número

Nota: En el proceso de **Analizar tabla**, *Access* ha creado una **búsqueda externa** en las propiedades de los campos vinculados de la tabla **Empresas**. Si la expresión compleja introducida por *Access* nos causa problemas en algún momento, podemos rehacer esa búsqueda tal como aprendimos en el módulo 3 al tratar el tema de limitar datos con una lista de valores externa:

Origen de la fila	SELECT Sectores.ID, Sectores.Sector FROM Sectores ORDER BY Sectores.Sector;
Columna dependiente	1
Número de columnas	2
Encabezados de columna	No
Ancho de columnas	0cm
Filas en lista	8
Ancho de la lista	Auto

5.3   Regla de validación en tabla

Ya hemos establecido reglas de validación en campos individuales de una tabla para evitar la introducción de valores indeseados. Ahora bien, si necesitamos controlar los valores de un campo en función de los que contiene otro campo de la tabla, necesitamos establecer una **regla de validación** en las propiedades de la **tabla**. Por ejemplo, la fecha en que se inicia un curso debe ser anterior a la fecha en que termina.

La regla se comprobará cuando se pase al siguiente registro o se intente guardar el actual, impidiendo su guardado si se infringen las condiciones que hemos puesto.

PRÁCTICA

A   En la base de datos **Empresas**, la tabla **Empresas** tiene el campo AñoInicio que indica el año en que comenzó la actividad de la empresa, mientras que AñoFin indica cuando finalizó, si lo hizo.

A fin de minimizar errores, pondremos la regla de validación **[AñoInicio] <= [AñoFin]** que evitará la introducción de registros cuyo año de inicio sea mayor que el año de finalización.

En **Vista Diseño > Hoja de propiedades > Regla de validación** comenzaremos a escribir el nombre del campo, *Access* nos sugerirá los nombres de los campos. Podemos hacer **doble clic** en ellos para insertarlos o escribirlos directamente, sin tener en cuenta las sugerencias.

Como texto de validación podemos escribir, por ejemplo, **El año de inicio ha de ser menor o igual que el final**.

Regla de validación	[AñoInicio]< =[AñoFin]
Texto de validación	El año de inicio ha de ser menor o igual que el final

B   Pasaremos a **Vista Hoja de datos**, guardaremos el diseño y aceptaremos los mensajes de advertencia de *Access* cuando aparezcan.

Comprobaremos la regla introduciendo algún valor que la infrinja y ante el mensaje con el texto de validación, aceptaremos.

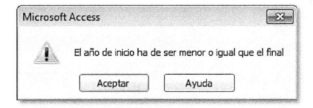

Luego, pulsaremos **Esc** para cancelar el valor erróneo.

5.4   Consultas de acción: introducción, crear tabla

Además de las consultas que hemos diseñado, las cuales seleccionan, agrupan y realizan cálculos de una o más tablas, existen otras que realizan acciones. Estas **consultas de acción** sirven para:

- **Crear tablas** a partir de las existentes. Por ejemplo, para dividir una tabla extensa en otras con menos registros, o para crear un historial antes de eliminar registros actualmente no válidos.

- **Añadir registros** que figuren en otra tabla.

- **Actualizar registros** modificando el contenido de uno o más campos. Por ejemplo, en época de rebajas podemos bajar el precio de todos o parte de los productos aplicando un porcentaje de descuento, o bien, podemos retrasar las fechas de los cursos si no van a comenzar en las fechas previstas.

- **Eliminar** gran cantidad de **registros** que ya no son válidos.

Para crear una consulta de acción es necesario diseñar antes una consulta de selección que contenga los campos y los criterios que ha de utilizar *Access* en la creación de la nueva tabla o en la agregación, la eliminación y la actualización de registros. Esta consulta previa será la "lista de instrucciones" que seguirá *Access* para realizar la acción elegida.

Mediante supuestos prácticos aprenderemos cómo diseñar estas consultas y obtener los resultados deseados. En este tema diseñaremos la consulta inicial y la usaremos para crear una tabla de historial de empresas.

PRÁCTICA

A   Crearemos una consulta de selección con las tres tablas y sus campos, excepto las claves principales. Como en la tabla **Empresas** los campos Sector y Ciudad son de tipo numérico, vinculados a las claves principales de las otras dos tablas, incluiremos los de las tablas **Sectores** y **Ciudades**, que contienen el texto.

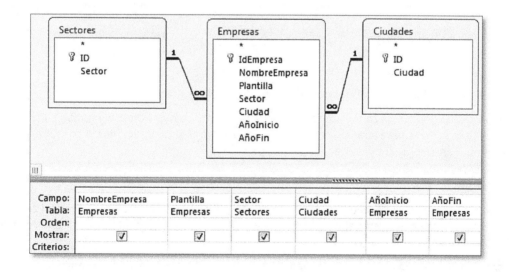

El resultado de la consulta, tal cual está, será idéntico a la tabla de empresas, pero lo importante es que nos servirá de base para ejecutar consultas de acción. La guardaremos, pues, como **Base para Consulta de Acción**.

B   Como en la tabla **Empresas** nos sobran las empresas que han finalizado su actividad, crearemos una tabla con sus registros, a modo de historial, y luego los eliminaremos de la tabla original.

El criterio para detectar estos registros lo escribiremos en la fila correspondiente del campo **AñoFin**, y será el siguiente: **Es No Nulo**, es decir, el campo no ha de estar vacío (la expresión **Es Nulo**, sería lo contrario).

C   Ejecutaremos la consulta de selección para ver si muestra los registros que tienen contenido en ese campo y, al volver a la **Vista Diseño**, la convertiremos en consulta de creación de tabla clicando en **Herramientas de consultas > Diseño > Tipo de consulta > Crear tabla**.

En el cuadro de diálogo le daremos el nombre de **Historial Empresas** y clicaremos en **Aceptar**.

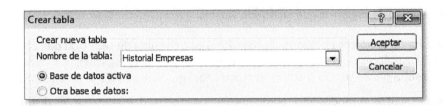

El botón de **Crear tabla** quedará activado, indicando que la consulta actual hará esa acción cuando se ejecute. Ejecutaremos la consulta y *Access* nos advertirá de lo que va a ocurrir.

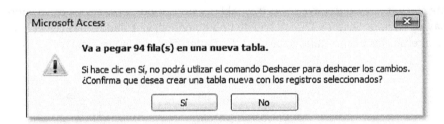

Aparecerá la nueva tabla, la cual abriremos para comprobar el resultado.

Luego, en el diseño de la tabla cambiaremos las propiedades del campo NombreEmpresa a **Indexado: Sí (Sin duplicados)** para evitar que se añadan empresas que ya existen cuando utilicemos la consulta de anexar en el próximo tema. Cerraremos la tabla al acabar.

D   Si guardamos ahora la consulta, cada vez que la abramos, realizará la acción encomendada. Pero eso no nos interesa, porque la tabla del historial ya está creada y, además, queremos reutilizarla para hacer más consultas de acción posteriormente.

Por lo tanto, clicaremos en el botón **Herramientas de consultas > Diseño > Tipo de consulta > Seleccionar**, para convertirla de nuevo en consulta de selección antes de guardarla.

5.5 Consultas de acción: eliminar y anexar registros

Poder **eliminar** muchos **registros** de golpe supone un ahorro de trabajo importante. Si los criterios para su eliminación son siempre los mismos, una consulta específica lo hará automáticamente y aportará mayor seguridad en el proceso.

Para añadir registros a una tabla que se encuentran en otra, siempre podemos copiar y pegar, pero si esta operación se hace periódicamente según los mismos criterios, es mejor automatizarla con una consulta de **anexar registros**.

Esta posibilidad es especialmente interesante en tablas que guardan frecuentemente historiales de compras, de empleados, de facturas, etc. en las que copiar manualmente registros requiere mucho tiempo. En el supuesto con el que estamos trabajando, automatizaremos el proceso de añadir registros a la tabla **Historial Empresas**.

PRÁCTICA

A Ahora que ya tenemos los registros de las empresas que han cesado su actividad en la tabla **Historial Empresas**, deberemos eliminar esos registros de la tabla de las empresas. De esta forma, aligeramos su peso y agilizamos el funcionamiento de la base de datos.

Cualquier operación de eliminación de gran cantidad de registros conlleva riesgo, así que, antes realizarla, es conveniente tener una **copia actualizada** de la base de datos o, al menos, de la tabla que se va a ver afectada.

Necesitaremos una consulta especial solo con la tabla **Empresas**: en la **Vista Diseño** clicaremos en el **asterisco** o elegiremos en la fila **Campo** toda la tabla, **Empresas.***. Esto incluirá todos los campos, aunque no se muestren individualmente, sino en una sola columna.

Añadiremos el campo **AñoFin** para escribir el criterio **Es No Nulo**, el mismo que en la consulta anterior, porque nos interesa eliminar los mismos registros que ya contiene la tabla del historial.

Antes de convertirla en consulta de eliminación, comprobaremos que al ejecutarla nos muestra los 94 registros que tienen contenido en el campo AñoFin.

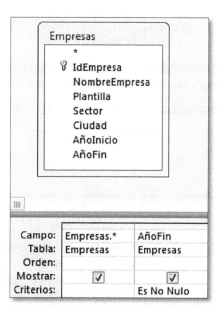

B Clicaremos en el botón **Herramientas de consultas > Diseño > Tipo de consulta > Eliminar** y la ejecutaremos. En el cuadro de diálogo, aceptaremos la eliminación siendo conscientes que no podremos deshacer la acción.

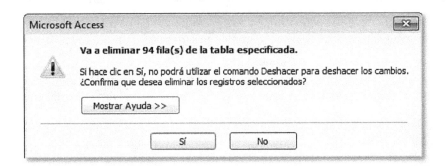

Abriremos la tabla para comprobar el resultado y la cerraremos al acabar. Guardaremos la consulta como **Eliminar Empresas sin Actividad**.

Cada vez que la abramos eliminará los registros que cumplan el criterio, por tanto, antes de ejecutarla deberemos haber anexado las nuevas empresas que no estén activas.

Si volvemos a ejecutar ahora mismo la consulta, veremos que ya no hay registros que cumplan el criterio.

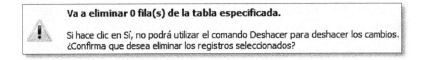

C Con el tiempo, variarán los datos de las empresas y habrá más empresas que dejarán su actividad. Deberemos entonces añadirlas a la tabla del historial.

Vamos a modificar algunos registros de la tabla de empresas para que reflejen este cese de actividad y, posteriormente, **anexaremos** estos registros a la tabla **Historial Empresas**.

Ordenaremos la tabla por **IdEmpresa** y, luego, por **Sector**, ambos ascendentemente.

Escribiremos **2000** en el campo **AñoFin** de los **6 primeros registros** (para repetir el contenido introducido en el campo anterior, podemos pulsar **Ctrl+"**).

IdEm	NombreEmpresa	Plantilla	Sector	Ciudad	AñoInicio	AñoFin
280	Empresa 1837	15	Agricultura y Ganadería	Zaragoza	1987	2000
284	Empresa 402	61	Agricultura y Ganadería	León	1991	2000
347	Empresa 2652	90	Agricultura y Ganadería	Alicante	1970	2000
348	Empresa 1522	22	Agricultura y Ganadería	Madrid	1971	2000
349	Empresa 1302	10	Agricultura y Ganadería	Almería	1972	2000
658	Empresa 2368	25	Agricultura y Ganadería	Barcelona	1970	**2000**

D Abriremos en **Vista Diseño** la consulta **Base para Consulta de Acción**, mantendremos los mismos criterios (**AñoFin: Es No Nulo**) y clicaremos en el botón **Herramientas de consultas > Diseño > Tipo de consulta > Anexar.**

En el cuadro de diálogo elegiremos la tabla **Historial Empresas** de la casilla desplegable.

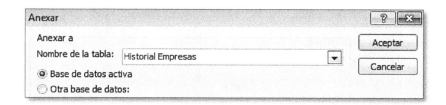

Al aceptar y ejecutar la consulta nos indicará que se anexarán 6 filas. Una vez cliquemos en **Sí**, comprobaremos la tabla **Historial Empresas**, que debería tener ahora 100 registros. Luego, cerraremos la tabla.

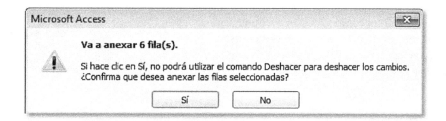

E Desde **Archivo > Guardar objeto como**, guardaremos la consulta como **Añadir Empresas al Historial**, de esta manera la tendremos preparada para futuras actualizaciones y mantendremos la consulta actual.

Una vez guardada, revertiremos la consulta actual a una consulta de selección al clicar en el botón **Herramientas de consultas > Diseño > Tipo de consulta > Seleccionar.**

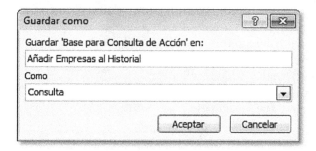

F Para finalizar la gestión del historial, deberíamos ejecutar la consulta de eliminación **Eliminar Empresas sin Actividad**, que diseñamos al inicio de la práctica.

5.6   Gestión de proceso con formulario y consultas de acción

Sería interesante crear un **formulario** con hipervínculos que facilitara al usuario de la base de datos la gestión del historial. Este formulario debería:

1   Comprobar si hay registros en la tabla **Empresas** que hayan de ser archivados en el historial. Crearíamos una consulta que mostrara o contara los registros y un formulario con el resultado de la consulta.

2   Archivar los registros en la tabla **Historial Empresas**. Un hipervínculo ejecutaría la consulta de acción **Añadir Empresas al Historial** para anexar los registros.

3   Eliminar los registros de la tabla **Empresas**. Un hipervínculo ejecutaría la consulta de acción **Eliminar Empresas sin Actividad** para eliminar los registros.

PRÁCTICA

A   Crearemos una consulta con **totales** que indique el número de registros de la tabla **Empresas** que tengan un año de finalización y la guardaremos como **Contar Empresas sin Actividad**.

Deberá tener solamente el campo **AñoFin** agrupado por **Cuenta** y añadiremos un texto como título para mostrar en la columna (y en la etiqueta del control del formulario posterior), **Número de empresas a archivar**.

Campo:	Número de empresas a archivar: AñoFin
Tabla:	Empresas
Total:	Cuenta

B   Luego, crearemos un formulario automático **[Crear > Formularios > Formulario]** al que cambiaremos su título y su nombre por **Gestión del Historial de Empresas**.

Modificaremos el diseño a nuestro gusto e insertaremos **dos hipervínculos**: uno que abra la consulta **Añadir Empresas al Historial** y otro que abra la consulta **Eliminar Empresas sin Actividad**, junto con sendas etiquetas explicativas.

También podemos insertar un botón de comando que cierre el formulario.

Probaremos su funcionamiento, bien sin registros, o bien modificando algún registro de la tabla **Empresas** para que el formulario muestre un número de empresas a archivar para, seguidamente, anexarlo al historial y eliminarlo de la tabla de empresas.

Gestión del Historial de Empresas

Número de empresas a archivar | 0 |

Si existen empresas, pulse en el vínculo de abajo

Añadir Empresas al Historial

Si ya ha archivado las empresas, pulse en el vínculo de abajo

Eliminar Empresas sin Actividad

Cerrar formulario

NOTA: Los botones de comando no pueden ejecutar consultas de eliminación de forma predeterminada, de ahí que se haya optado por insertar hipervínculos.

Si cancelamos el proceso de ejecución de una consulta de acción llamada por un hipervínculo, *Access* mostrará un mensaje informativo, que habrá que aceptar.

5.7   Consultas de acción: actualizar registros

Como hemos comentado en la introducción a las consultas de acción, es posible cambiar el contenido de un campo en muchos registros de una tabla a partir de los criterios que queramos con las **consultas de actualización**. Si hemos de rebajar o aumentar el precio de varios productos, por ejemplo, este tipo de consulta es idónea.

Veremos cómo diseñar estas consultas de actualización con dos ejemplos.

PRÁCTICA

A   En la tabla **Empresas** existen registros con un número de plantilla incorrecto porque la persona que los introdujo cometió un error. En concreto, el número de trabajadores de las empresas de Barcelona, Tarragona, Lérida y Gerona debería ser diez veces mayor.

Para solucionar el problema crearemos una consulta de actualización que multiplique por 10 el valor de dicho campo en los registros de estas ciudades.

Solamente, necesitamos los campos Plantilla y Ciudad, pero, ya que tenemos la consulta **Base para Consultas de Acción**, la aprovecharemos.

B   Abriremos la consulta en la **Vista Diseño** y escribiremos los nombres de las ciudades en los criterios del campo Ciudad, una debajo de la otra o en la misma fila de criterios separadas con **O** (que es como lo dejará *Access*): **"Barcelona" O "Tarragona" O "Lérida" O "Gerona"**.

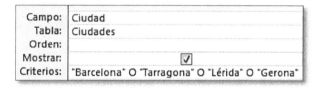

Campo:	Ciudad
Tabla:	Ciudades
Orden:	
Mostrar:	☑
Criterios:	"Barcelona" O "Tarragona" O "Lérida" O "Gerona"

La ejecutaremos para comprobar que aparecen los 309 registros de las 4 ciudades.

C   A continuación, la convertiremos en una consulta de actualización clicando en el botón **Herramientas de consultas > Diseño > Tipo de consulta > Actualizar** y veremos que en la cuadrícula han desaparecido las filas Orden y Mostrar y tenemos en su lugar la fila **Actualizar a**.

Actualizar

Precisamente, en esa fila, debajo del campo **Plantilla** escribiremos **[Plantilla]*10**, es decir, multiplicaremos el contenido del campo por 10.

Campo:	NombreEmpresa	Plantilla	Sector	Ciudad
Tabla:	Empresas	Empresas	Sectores	Ciudades
Actualizar a:		[Plantilla]*10		
Criterios:				"Barcelona" O "Tarragona" O "Lérida" O "Gerona"

Al clicar en **Ejecutar** aparecerá el aviso de *Access* y cuando cliquemos en **Sí**, cambiarán los valores del campo.

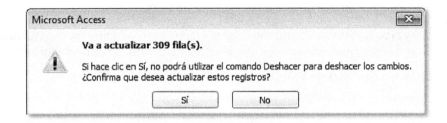

Convertiremos de nuevo la consulta en una de selección clicando en el botón **Herramientas de consultas > Diseño > Tipo de consulta > Seleccionar** y comprobaremos que el número de trabajadores ha aumentado.

D   El segundo supuesto concierne a la base de datos **Delicatessen.accdb**. Aquí tenemos varios productos suspendidos de los que aún quedan varias unidades en el almacén y nos interesa venderlos lo antes posible. Por ello, hemos decidido rebajar su precio a la mitad.

E   Crearemos, pues, una consulta con la tabla **Productos** a la que añadiremos tres campos: **PrecioUnidad** para modificarlo, **Suspendido** y **UnidadesEnExistencia** para establecer los criterios. En los criterios de Suspendido escribiremos **Sí** (o **-1**) y en los de UnidadesEnExistencia escribiremos **>0**.

Ejecutaremos la consulta antes de convertirla para ver si los registros que muestra son correctos.

Convertiremos la consulta en una de actualización y escribiremos la fórmula **[PrecioUnidad]/2** en la fila **Actualizar a** del campo PrecioUnidad.

Campo:	PrecioUnidad	Suspendido	UnidadesEnExistencia
Tabla:	Productos	Productos	Productos
Actualizar a:	[PrecioUnidad]/2		
Criterios:		Sí	>0

Ejecutaremos la consulta de actualización y comprobaremos el efecto sobre el precio.

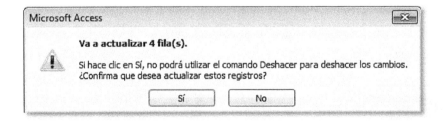

La convertiremos de nuevo en consulta de selección y la guardaremos con el nombre de **Actualizar Precios**.

5.8   Consultas de búsqueda: duplicados y no coincidentes · Asistente para consultas

Los valores repetidos en ciertos campos es un hecho habitual, por ejemplo, "Madrid" aparece muchas veces en el campo Ciudad de nuestra tabla de empresas; y "Alemania" se repite en la tabla de proveedores. El problema surge cuando no deben existir valores repetidos, como en el campo que guarda el nombre de la empresa o el del proveedor. Para detectar estos posibles errores contamos con las **consultas de buscar duplicados**.

Por otra parte, las **consultas de buscar no coincidentes** comparan dos tablas y nos muestran aquellos registros en los que el contenido de un determinado campo no es el mismo en las dos tablas. Podría darse el caso de un sector asignado a una empresa que no constara en la tabla de sectores, o de un proveedor asignado a un producto que no constara en la tabla de proveedores.

Los problemas aquí mencionados, que detectan las consultas de búsqueda, se pueden evitar estableciendo propiedades de campo adecuadas y relaciones entre tablas con integridad referencial, tal como hemos hecho en prácticas anteriores. Pero, si esto no fuese posible o no somos nosotros los que hemos diseñado las tablas, este tipo de consultas nos vendrán muy bien.

Asistente para consultas

Aprenderemos a crearlas utilizando el **asistente para consultas** y, además, modificaremos una consulta de no coincidentes para que haga lo contrario, buscar los registros de dos tablas cuyos campos tengan el mismo contenido.

Práctica

A   Comencemos buscando duplicados en la tabla **Empresas**. En **Crear > Consultas > Asistente para consultas** elegiremos **Asistente para búsqueda de duplicados** y, en el siguiente paso, la tabla de empresas.

El campo a comprobar es NombreEmpresa, así que lo enviaremos a la casilla **Campos con valores duplicados**.

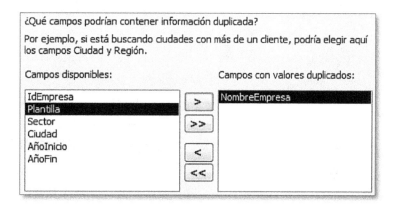

¿Qué campos podrían contener información duplicada?

Por ejemplo, si está buscando ciudades con más de un cliente, podría elegir aquí los campos Ciudad y Región.

Campos disponibles: Campos con valores duplicados:

IdEmpresa   NombreEmpresa
Plantilla
Sector
Ciudad
AñoInicio
AñoFin

En el siguiente paso elegiremos mostrar todos los campos, menos IdEmpresa, y en el último le daremos el nombre de **Buscar duplicados en Nombre de Empresa**.

El resultado de la consulta no debería mostrar ningún nombre duplicado. Si añadimos un registro con un nombre que ya existe, la consulta lo mostrará. A fin de evitar duplicidad de valores en este campo, podríamos indexarlo sin duplicados, con la consecuencia de ralentizar las actualizaciones de la tabla. En tablas con muchos registros y actualizaciones frecuentes habría que considerar qué es más útil, si indexar el campo o recurrir a la consulta.

B   Usaremos, ahora, el asistente para crear una **consulta de no coincidentes** y comparar la información de la tabla **Empresas** e **Historial Empresas**.

En el **paso 2** (¿Qué tabla o qué consulta contiene los registros que desea incluir en el resultado de la consulta?) elegiremos la tabla **Empresas**.

En el **paso 3** (¿Qué tabla o qué consulta contiene los registros relacionados?) seleccionaremos **Historial Empresas**.

En el **paso 4** seleccionaremos los **campos** de **ambas tablas** que queremos comparar (NombreEmpresa en las dos) y clicaremos en **<=>** para relacionarlos.

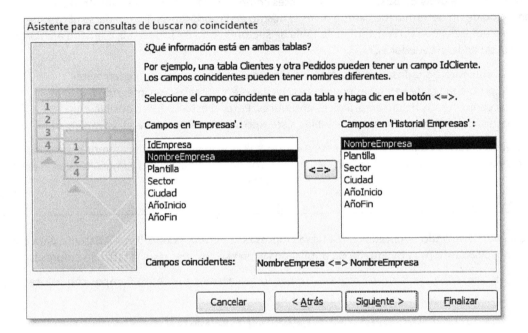

En el **paso 4** elegiremos todos los campos, menos IdEmpresa, para ver su contenido al ejecutar la consulta:

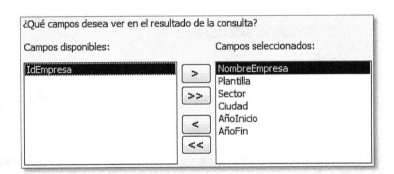

Dejaremos el nombre que nos propone *Access* y finalizaremos el asistente.

El resultado debería mostrarnos todos los registros de la tabla **Empresas**, ya que ningún nombre de empresa de esta tabla coincide con ningún nombre de la tabla **Historial Empresas**.

C   Pasaremos a **Vista Diseño** y veremos la relación que ha creado el asistente entre los campos de ambas tablas para comparar su contenido y mostrar todo registro no coincidente, es decir, que **es nulo** en la tabla del historial.

D   En temas anteriores llevamos a cabo la gestión del historial, copiando (anexando) las empresas sin actividad a la tabla **Historial Empresas** y eliminándolas luego de la tabla **Empresas**. Si se hizo bien esa gestión, el resultado de nuestra consulta de buscar no coincidentes será el mencionado en el punto B.

Ahora bien, sería interesante conseguir lo contrario: mostrar si hay registros con el **mismo nombre** de empresa en las dos tablas. Eso indicaría que tales registros se han copiado al historial, pero **no se han eliminado** de la tabla de empresas.

Para conseguirlo, en la **Vista Diseño** cambiaremos los criterios del campo **NombreEmpresa** de **Historial Empresas** por **Es No Nulo**. Al ejecutar la consulta, no debería aparecer ningún registro.

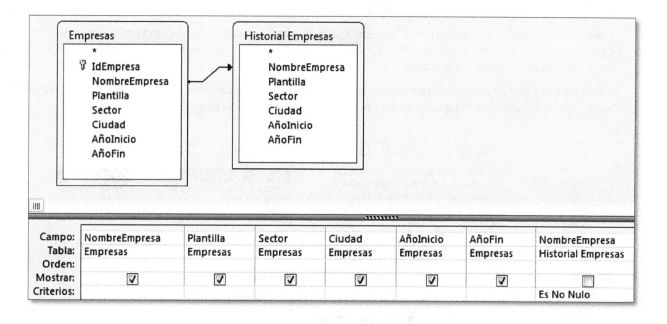

E   Cerraremos la consulta y cambiaremos su nombre por **Buscar Empresas pendientes de Eliminar**.

Hagamos una prueba. Insertemos el siguiente registro en la tabla **Empresas**.

NombreEmpresa	Plantilla	Sector	Ciudad	AñoInicio	AñoFin
Empresa de Prueba	100	Comercio	Soria	1999	2009

Ejecutaremos la consulta **Añadir Empresas al Historial** desde el **Panel de navegación** o mediante el formulario **Gestión del Historial de Empresas** y, a continuación, la consulta **Buscar Empresas pendientes de Eliminar**.

El resultado debería ser ahora el registro de la Empresa de Prueba, que existe en las dos tablas.

5.9 Consultas de referencias cruzadas

En una consulta de selección normal podemos calcular totales sobre un campo en función de otro agrupado, por ejemplo, podemos saber cuántas empresas hay en cada sector, o cuántos sectores hay en determinadas ciudades.

Sin embargo, las **consultas de referencias cruzadas** permiten calcular totales de un campo en una columna y, a la vez, incluir otras columnas que muestren qué valores contribuyen a esos totales. Por ejemplo, podemos averiguar el total de empresas por sector y cuántas empresas de cada ciudad hay en cada sector.

Para obtener esto último, crearemos una consulta de referencias cruzadas con el asistente.

PRÁCTICA

A En **Crear > Consultas > Asistente para consultas** elegiremos **Asist. consultas de tabla de ref. cruzadas** y, en el **paso 1**, la consulta **Base para Consulta de Acción**.

Al seleccionar esta consulta limitaremos los resultados a las cuatro ciudades que figuran en los criterios, aunque se pueden establecer otros, si se desea, o crear una consulta de selección específica que incluya los campos de las tablas de empresas, sectores y ciudades.

En el **paso 2** hay que seleccionar el campo que aparecerá en la primera columna y cuyo contenido ocupará las filas de esa columna. Elegiremos **Sector**, ya que queremos saber el número de empresas por sector.

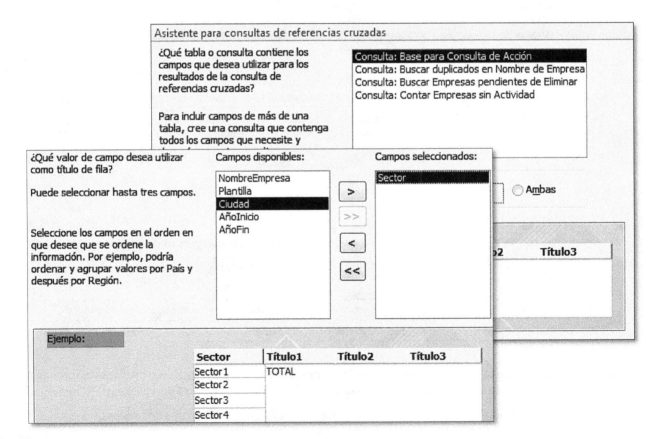

B En el **paso 3** seleccionaremos el campo **Ciudad**, puesto que queremos mostrar cuántas empresas de cada sector hay en cada ciudad.

En el **paso 4** elegiremos el campo a calcular, **NombreEmpresa**, y el cálculo a realizar, **Cuenta**. También dejaremos seleccionada la casilla **Sí, incluir suma de filas** para obtener el total de empresas en cada sector (filas).

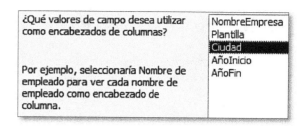

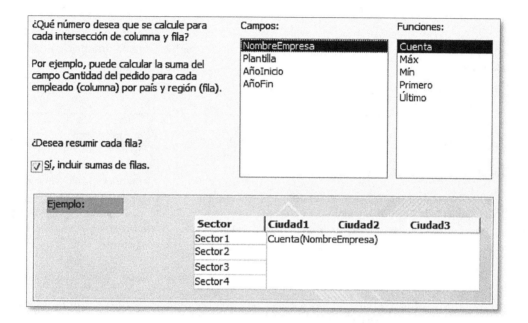

C Escribiremos **Ref Cruzadas Empresas Catalanas por Sector** como nombre de la consulta y finalizaremos el asistente, cuyo resultado debería ser:

Sector	Total de NombreEmpresa	Barcelona	Gerona	Lérida	Tarragona
Agricultura y Ganadería	7	6			1
Agua, Gas y Calefacción	27	22	1		4
Alimentación	9	6			3
Artes Gráficas	1	1			
Aserradores	8	6	1		1
Cerámica	21	19		1	1
Comercio	18	12	1	2	3
Construcción	31	27	3	1	

Si pasamos a la **Vista Diseño**, observaremos cómo ha configurado la consulta el asistente y podremos modificarla. De hecho, si ya tenemos experiencia, es posible crear consultas de referencias cruzadas sin el asistente al clicar en el botón **Herramientas de consulta > Diseño > Tipo de consulta > General**.

General

5.10   Vistas de tabla dinámica y gráfico dinámico

Las tablas y las consultas tienes dos vistas especiales conectadas entre sí: la **Vista Tabla dinámica** y la **Vista Gráfico dinámico**.

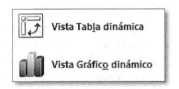

La primera funciona como una especie de consulta de referencias cruzadas, con campos en filas y en columnas, que se puede modificar rápidamente tantas veces como queramos, de ahí el nombre de dinámica. La segunda, muestra en forma de gráfico los datos de la tabla. Y, si modificamos el gráfico dinámico, los cambios se reflejarán en la tabla dinámica.

Si hemos trabajado anteriormente con estos dos elementos en *Excel*, encontraremos que son muy parecidos en cuanto a su manejo, sin embargo, las posibilidades de configuración y, sobre todo, la potencia de cálculo es muy superiores en la hoja de cálculo.

PRÁCTICA

A   Para ver las posibilidades de las vistas dinámicas haremos una copia (copiar y pegar) de la consulta **Base para Consulta de Acción** con el nombre de **Vista Tabla y Gráfico dinámicos**.

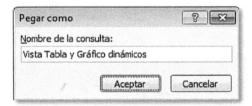

En el modo diseño cambiaremos los criterios del campo Ciudad a **"Madrid" O "Sevilla" O "Bilbao"** para mostrar tres ciudades diferentes. Podríamos dejar el criterio en blanco para que las mostrara todas, pero obtendríamos demasiados datos y su proceso sería más lento.

B   Cambiaremos a la **Vista Tabla dinámica**. Hay **4 áreas** para colocar campos: la zona de campos de **fila**, la de campos de **columna**, campos de **totales** (o detalle) y campos de **filtro**.

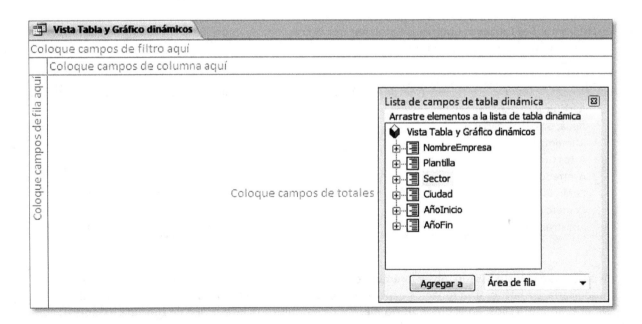

C Los campos de la consulta aparecen en una ventana, la cual podemos ocultar, o mostrar si no se viera, clicando en el botón **Lista de campo** de la ficha de **Herramientas de tabla dinámica**.

Lista de campo

Para colocar los campos en las distintas áreas, los **arrastramos** desde la lista al área deseada, o los seleccionamos en la lista, elegimos el área y clicamos en **Agregar**.

Vamos a configurar una tabla dinámica que muestre los mismos datos que la consulta de referencias cruzadas del tema anterior, pero con distintas ciudades y, luego la modificaremos.

Agregaremos el campo **Sector** al área de **filas** arrastrándolo. Si nos equivocamos, lo arrastramos fuera de la tabla dinámica o clicamos encima y pulsamos **Supr** o el botón **Quitar campo**.

Quitar campo

Coloque campos de filtro aquí		
	Coloque campos de columna aquí	
Sector ▼		
Agricultura y Ganadería	±	
Agua, Gas y Calefacción	±	
Alimentación	±	
Artes Gráficas	±	
Aserradores	±	Coloque campos de totales o campos
Cerámica	±	
Comercio	±	
Comunicaciones	±	

D Ahora agregaremos **NombreEmpresa** desde la lista de campos: lo **seleccionamos**, elegimos **Área de datos** de la casilla desplegable bajo la lista de campos y clicamos en **Agregar a**.

Aparecerá el campo **Recuento de NombreEmpresa** con el número de empresas correspondientes a cada sector.

E Cuando agreguemos **Ciudad** al área de campos de **columna** tendremos 4 columnas, una para cada ciudad y el total general.

Podemos arrastrar los encabezados de las columnas para cambiar su orden o para pasarlos de un área a otra.

	Ciudad ▼			
	Bilbao	Madrid	Sevilla	Total general
	+⊟	+⊟	+⊟	+⊟
Sector ▼	Recuento de NombreEmpresa	Recuento de NombreEmpresa	Recuento de NombreEmpresa	Recuento de NombreEmpresa
Agricultura y Ganadería	5	5	1	11
Agua, Gas y Calefacción	47	21	21	89
Alimentación	15	7	4	26
Artes Gráficas	5			5

Los botones con los signos **+** (más) y menos (-) sirven para ocultar/mostrar los datos de las columnas.

El botón de la flecha a la derecha de Sector y Ciudad permite filtrar los resultados. Si queremos un filtro según otro campo, lo agregaremos al área de campos de filtro.

F Cambiemos los datos sobre los que se calcula para averiguar cuántas personas trabajan en cada sector y ciudad: borraremos el Recuento de NombreEmpresa y agregaremos **Plantilla** al **Área de datos**. Al ser un campo numérico, sumará su contenido, en lugar de contar el número de registros.

	Ciudad ▾			
	Bilbao	Madrid	Sevilla	Total general
	+ −	+ −	+ −	+ −
Sector ▾	Suma de Plantilla	Suma de Plantilla	Suma de Plantilla	Suma de Plantilla
Agricultura y Ganadería + −	132	441	12	585
Agua, Gas y Calefacción + −	240	45	38	323
Alimentación + −	271	311	55	637
Artes Gráficas + −	51			51

G Al pasar a **Vista Gráfico dinámico** veremos un gráfico de columnas basado en la tabla dinámica donde Ciudad constituye las series y Sector, las categorías. Si preferimos otro tipo de gráfico, lo elegiremos de **Herramientas de gráfico dinámico > Diseño > Tipo > Cambiar tipo de gráfico**.

Cambiar tipo de gráfico

Si filtramos por Ciudad o Sector nos centraremos en los datos del filtro aplicado. Si intercambiamos la posición de Ciudad y Sector, cambiará el gráfico en consecuencia. Hagamos esto último.

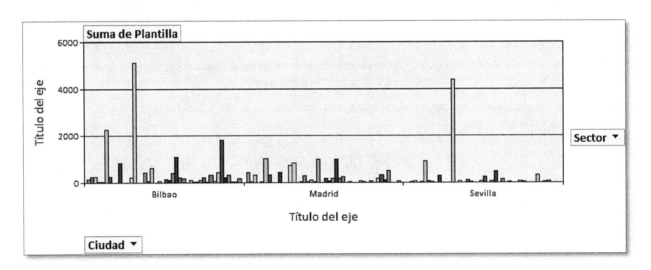

H En la **Vista Tabla dinámica** comprobaremos que el cambio en el gráfico se ha producido también en la tabla: lo que modifiquemos en una vista, se modificará en la otra.

5.11 Generador de expresiones

Las expresiones son cálculos, condiciones y funciones que introducimos en los campos calculados de una consulta, en las reglas de validación de los campos de una tabla o en los controles de un formulario o de un informe.

A lo largo de este libro hemos utilizado expresiones para sumar, restar, multiplicar, dividir, comparar, verificar campos Sí/No y valores nulos. También las hemos usado para calcular totales, contar registros y obtener la fecha y hora.

Vamos a resumir y clarificar aquí este importante componente de las bases de datos y a introducir el **generador de expresiones**. Mediante esta herramienta escribiremos expresiones largas de forma más cómoda y tendremos acceso a todos sus posibles elementos (funciones, operadores, campos, etc.).

En una expresión puede haber, como elementos más importantes:

- **Identificadores**, que son los nombres de **campo**, escritos entre corchetes: **[Plantilla]**, y los nombres de **tabla** o **consulta**, también entre corchetes, seguidos del signo de exclamación y del campo: **[Empresas]![Plantilla]**.

- **Operadores** aritméticos (**+, -, ***, etc.), de comparación (**>, <=, <>**, etc.), lógicos (**O, Y, No**, etc.).

- **Constantes**: **Verdadero, Falso, Nulo, ""** (cadena de caracteres vacía).

- **Funciones** de diverso tipo: **=Cuenta[NombreProducto], =Suma[UnidadesEnExistencia]**.

- **Valores propios**, es decir, texto, números o fechas que escribimos nosotros: **"Madrid"**, **7**, **#12/10/1492#**.

Por ejemplo, la expresión **[SOCIOS]![FeNacim] < Ahora() Y > #31/12/1899#**, indica que la fecha del campo FeNacim de la tabla SOCIOS ha de ser anterior a la fecha actual y posterior al siglo XIX. Las fechas se consignan entre almohadillas.

Si la expresión la escribimos en un **control** de informe o de formulario, irá precedida del signo igual =, pero no habrá que ponerlo en tablas y consultas.

La ventana del generador de expresiones

Accedemos a su ventana desde el botón con tres puntos a la derecha de la casilla donde introducimos la expresión para una regla de validación (**tabla**), o para un origen del control (**formulario, informe**).

Si la expresión va en un campo calculado o en los criterios de una **consulta**, deberemos clicar en **Herramientas de consultas > Diseño > Configuración de consultas > Generador**.

El menú contextual de la casilla también mostrará la opción del generador en todos los casos.

La **parte superior** de la ventana es el área de edición y sirve para escribir la expresión, mientras que en la **parte inferior** contamos con tres grupos de opciones: **Elementos de expresión**, **Categorías de expresión** y **Valores de expresión** para facilitarnos su confección. Si no vemos la parte inferior, clicaremos en el botón **Más >>**.

La cantidad de elementos disponibles dependerá de tipo de expresión que estemos generando: campo calculado, regla de validación, etc. y habrá de desplegar su contenido si muestra el signo más + delante.

Al clicar en un **elemento** de expresión (campo, función, constante, operador) veremos qué **categorías** tiene y, según la categoría seleccionada, veremos los **valores** posibles a introducir.

Para introducir cualquier campo, operador, valor, etc. haremos **doble clic** sobre el que queramos.

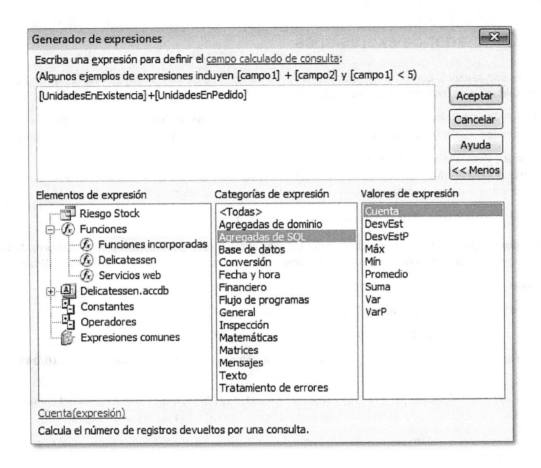

Una característica interesante del generador de expresiones es que al pie de su ventana nos indica qué hace la función seleccionada y al hacer clic en el nombre de la función nos mostrará ayuda sobre la función.

Si necesitamos utilizar expresiones complejas y queremos ampliar la información sobre este tema, buscaremos en la ayuda de *Access* **Usar expresiones de Access** o **Guía de la sintaxis de expresiones**, seleccionando **Todo Access** en la casilla **Buscar**.

5.12 Opciones de Access

Por regla general las aplicaciones de *Office* están configuradas de la manera más cómoda para el usuario, no obstante, es posible que nuestra forma de trabajar requiera comportamientos diferentes de forma predeterminada. También es posible que otro/a usuario/a de la base de datos haya cambiado opciones que haya que revertir.

En los menús de las **opciones de *Access*** se pueden modificar gran cantidad de parámetros para adaptar el programa a todo tipo de usuarios. Mencionaremos aquí algunas de las más habituales, con el consejo que, si no se está seguro del cambio a realizar, es mejor dejarlas como están.

Accederemos a **Archivo > Opciones** y veremos una ventana con distintos menús, cada uno con varias secciones:

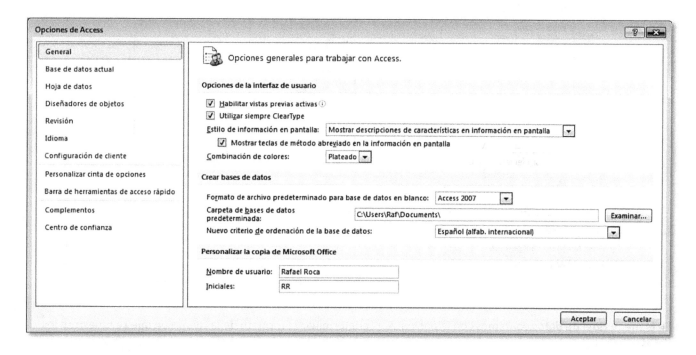

En el menú **General** podemos cambiar el usuario de *Access*, cuyo nombre e iniciales se guardan en las propiedades del archivo .accdb. Este cambio afecta al resto de aplicaciones de *Office*.

Por otra parte, si lo que nos interesa es que no se guarde esta información en la base de datos con la que estamos trabajando, en el menú **Base de datos actual** activaremos la casilla **Opciones de aplicación > Quitar la información personal de las propiedades del archivo al guardarlo**.

También aquí, en **Opciones de la ventana de documentos** es posible indicar que los objetos se muestren en ventanas individuales en lugar de en fichas, tal como aparecían en versiones anteriores a *Access 2007*, pero, a no ser que uno prefiera este modo antiguo, es mejor el sistema de fichas.

Igualmente, podemos deshabilitar la **Vista Presentación** si trabajamos solamente con la de diseño.

En **Base de datos actual > Navegación** controlaremos el **Panel de navegación** para ocultarlo (no recomendable) y para configurarlo con las **Opciones de navegación** si nos conviene a nuestra manera de trabajar.

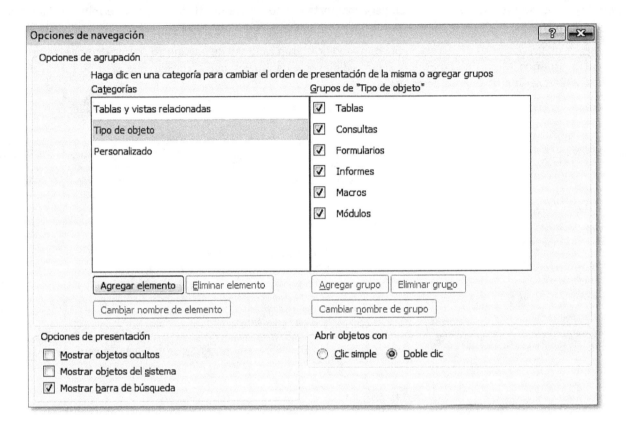

En el menú **Hoja de datos** contamos con la opción de predeterminar el formato de la fuente en que se muestran los datos.

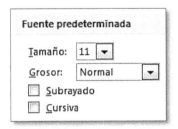

En el menú **Diseñadores de objetos**, entre otras cosas, podremos predeterminar el tamaño de los campos de texto y de número en **Vista de diseño de tabla**.

En cuanto a las consultas, indicaremos si se muestra la lista de tablas a agregar cuando iniciamos su diseño y predeterminaremos la fuente de la cuadrícula QBE (Query By Example) en **Diseño de consulta**.

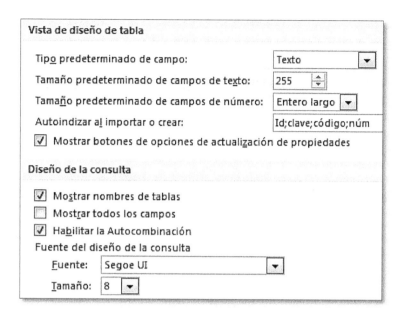

En el menú **Revisión** tenemos las **opciones de autocorrección,** que controlan lo que nos corrige *Access* de forma automática a medida que escribimos y la configuración de **ortografía,** que afecta a todos los programas de *Office.*

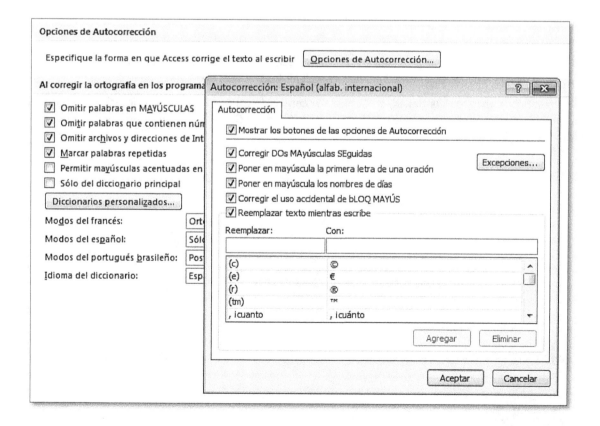

El menú **Idioma** muestra el idioma usado en la corrección ortográfica, en la interfaz y en la ayuda. Permite cambiar el idioma y añadir otros.

De las muchas opciones del menú **Configuración de cliente**, destacamos la posibilidad de evitar que aparezcan los mensajes de confirmación al eliminar registros u objetos o las advertencias de las consultas de acción desde la sección **Edición**, algo que, en principio es mejor no cambiar.

Confirmar
☑ Cambios en los registros
☑ Eliminaciones de documento
☑ Consultas de acción

En la sección **Mostrar** indicamos el número máximo de bases de datos recientes que aparecen en el menú **Archivo**.

Si nos gusta un tema concreto para los objetos de la base de datos, lo podemos indicar en la sección **Tema predeterminado > Examinar**. Por ejemplo, para las bases de datos de este libro podría haberse predeterminado el tema **Aspecto**, que es el que se ha utilizado.

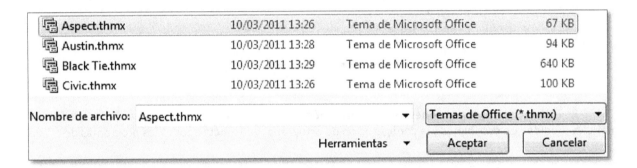

Personalizar cinta de opciones y **Barra de herramientas de acceso rápido** nos muestran las opciones para cambiar los botones de las fichas de la cinta, crear una ficha propia y elegir los botones de la barra de inicio rápido.

Por último, en la ficha **Centro de confianza**, en **Configurar centro de confianza** podemos desactivar la barra de mensajes que informa del contenido bloqueado por los programas de *Office* y configurar las opciones de privacidad, lo cual es mejor no cambiar.

5.13   Limitaciones de las bases de datos de Access

Antes de embarcarse en un proyecto de diseño de una base de datos importante, conviene conocer las limitaciones con que se encontrará en *Access*. En la mayoría de casos no se superarán los límites impuestos, pero una empresa de gran envergadura o con previsión de crecimiento debería considerar si *Access* será adecuado para sus necesidades.

El tamaño de una **base de datos**, incluidos todos los objetos y los datos tiene un **límite** de **2 gigabytes** (en realidad, algo menor, porque *Access* crea objetos propios internamente). Aunque se puede evitar esta limitación de tamaño colocando las tablas en distintas bases de datos y vinculándolas entre sí, esto hace más engorrosa su gestión.

Las siguientes limitaciones se refieren a bases de datos de *Access 2007* y *Access 2010*.

Límites en Base de datos	
Número total de objetos	32.768
Número de caracteres en un nombre de objeto	64
Número de caracteres en una contraseña	14

Límites en Tablas	
Número de caracteres del nombre de un campo	64
Número de campos	255
Número de registros	Sin límite (pero máximo espacio en disco 2 gigabytes)
Número de tablas abiertas	2.048 (incluyendo tablas vinculadas e internas)
Número de caracteres de un campo de texto	255
Número de caracteres de un campo Memo	65.535 (introducidos por el usuario)
Número de índices	32
Número de campos en un índice o una clave principal	10
Número de caracteres de un mensaje de validación	255
Número de caracteres en una regla de validación	2.048
Número de caracteres de una descripción del campo o tabla	255
Número de caracteres por registro (excluyendo los campos Memo) si UnicodeCompression está establecida en Sí	4.000
Número de caracteres del valor de una propiedad de campo	255

Límites en Consultas

Número de relaciones aplicadas	32 por tabla, menos el número de índices que hay en la tabla que no forman parte de las relaciones*
Número de tablas en una consulta	32*
Número de combinaciones en una consulta	16*
Número de campos en un conjunto de registros	255
Tamaño de un conjunto de registros	1 gigabyte
Límite para ordenar	255 caracteres en uno o varios campos
Número de niveles de consultas anidadas	50*
Número de caracteres en una celda de la cuadrícula de diseño	1.024
Número de caracteres de un parámetro	255

*Los valores máximos podrían ser menores si la consulta incluye campos de búsqueda con varios valores.

Límites en Formularios e Informes

Número de caracteres en una etiqueta	2.048
Número de caracteres en un cuadro de texto	65.535
Ancho de formulario o informe	57,79 cm (22,75 pulgadas)
Alto de sección	57,79 cm (22,75 pulgadas)
Alto de todas las secciones más los encabezados de sección (en la Vista Diseño)	508 cm (200 pulgadas)
Número de niveles de formularios o informes anidados	7
Número de campos o expresiones que se pueden ordenar o agrupar en un informe	10
Número de encabezados y pies de grupo en un informe	10
Número de páginas impresas en un informe	65.536
Número de controles y secciones que se pueden agregar a un formulario o informe	754

Apéndice: Atajos del teclado para Access 2010

A continuación, aparecen los atajos más útiles de *Microsoft Access 2010*. Si queremos obtener la lista completa, lo haremos buscando *métodos abreviados de teclado* en la ventana de ayuda de la aplicación.

Cinta de opciones	
Acción	**Teclas**
Contraer o expandir	Ctrl+F1
Activar navegación por teclado	Alt
Abrir ficha o activar comando	Alt y letra o número mostrado
Cancelar navegación por teclado	Alt (o Esc)
Ayuda	F1

Archivos y ventanas	
Acción	**Teclas**
Abrir archivo	Ctrl+A
Crear archivo	Ctrl+U
Guardar objeto	Ctrl+G
Guardar como	F12
Imprimir	Ctrl+P
Cerrar ventana de objeto	Ctrl+F4
Salir de la aplicación	Alt+F4
Cambiar de ventana de objeto	Ctrl+F6
Cambiar de ventana de aplicación	Alt+Tab
Maximizar o restaurar ventana	Ctrl+F10

Deshacer y rehacer

Acción	Teclas
Cancelar una acción	Esc
Deshacer	Ctrl+Z
Rehacer o repetir	Ctrl+Y

Portapapeles

Acción	Teclas
Copiar	Ctrl+C
Cortar	Ctrl+X
Pegar	Ctrl+V

Texto

Acción	Teclas
Seleccionar caracteres (izquierda, derecha), líneas (arriba, abajo)	Mayús+←/→/↑/↓
Seleccionar palabras (izquierda, derecha), párrafos (arriba, abajo)	Ctrl+Mayús+←/→/↑/↓
Seleccionar desde la posición del cursor hasta el final de la línea	Mayús+Fin
Seleccionar desde la posición del cursor hasta el inicio de la línea	Mayús+Inicio
Seleccionar todo	Ctrl+E
Buscar	Ctrl+B
Revisión de ortografía	F7

Formato de fuente

Acción	Teclas
Negrita	Ctrl+N
Cursiva	Ctrl+K
Subrayado	Ctrl+S

Edición (Hoja de datos, Formulario)

Acción	Teclas
Cambiar el valor de la casilla de verificación (Sí/No)	Barra espaciadora
Copiar el contenido del mismo campo del registro anterior	Ctrl+" (comillas)
Borrar todos los caracteres a la derecha del cursor	Ctrl+Supr
Cambiar entre el modo edición y el modo desplazamiento	F2
Deshacer cambios en los campos del registro activo antes de guardarlo	Esc
Deshacer cambios en los campos del registro que se acaba de guardar	Ctrl+Z
Insertar registro	Ctrl+ + (signo más)
Eliminar registro	Ctrl+ - (signo menos)
Seleccionar registro / Cancelar selección de registro	Mayús+barra espaciadora
Seleccionar columna / Cancelar selección de columna (Tablas, Consultas)	Ctrl+barra espaciadora

Desplazamiento (Hoja de datos, Formulario)

Acción	Teclas
Ir al campo siguiente	Tab o Entrar
Ir al campo anterior	Mayús+Tab
Ir al último campo del registro activo	Fin
Ir al primer campo del registro activo	Inicio
Ir al registro siguiente	↓ (Hoja de datos) Ctrl+Av Pág (Formulario)
Ir al registro anterior	↑ (Hoja de datos) Ctrl+Av Pág (Formulario)
Ir al último registro	Ctrl+Fin
Ir al primer registro	Ctrl+Inicio

Diseño	
Acción	**Teclas**
Moverse entre los paneles visibles y Cinta de opciones	F6
Ver Hoja de propiedades de los campos	F4 o Alt+Entrar
Mover controles o etiquetas (Formulario, Informe)	←/→/↑/↓
Cambiar tamaño de controles o etiquetas (Formulario, Informe)	Mayús+←/→/↑/↓

Panel de navegación	
Acción	**Teclas**
Ocultar / Mostrar Panel de navegación	F11
Cambiar nombre del objeto seleccionado	F2
Desplazarse por el panel	↑/↓ o Re Pág/Av Pág
Seleccionar objetos contiguos	Mayús+↑/↓
Desplegar / Ocultar la categoría de objetos seleccionada	Barra espaciadora
Ir último objeto	Fin
Ir al primer objeto	Inicio
Abrir objeto en vista predeterminada	Entrar
Abrir objeto en Vista Diseño	Ctrl+Entrar